Clamando por milagres

Pe. Roger Luis

CLAMANDO POR MILAGRES

3ª edição

Editora Canção Nova

EDITORA: Cristiana Negrão

ASSISTENTE EDITORIAL: Jocelma Cruz

CAPA: Márcio de Paula Pinto

PROJETO GRÁFICO E DIAGRAMAÇÃO: Claudio Tito Braghini Junior

PREPARAÇÃO: Iracema Aparecida de Oliveira

REVISÃO: Lilian Miyoko Kumai

EDITORA CANÇÃO NOVA
Rua São Bento, 43 - Centro
01011-000 São Paulo SP
Telefax [55] (11) 3106-9080
e-mail: editora@cancaonova.com
vendas@cancaonova.com
Home page: http://editora.cancaonova.com

ISBN: 978-85-7677-186-9

Sumário

Sou um Milagre

Creio que toda a experiência que vivo hoje com os milagres de Deus está pautada na minha experiência com o milagre que o próprio Deus fez na minha vida, na minha história, da qual posso afirmar sem nenhum medo: Sou um milagre!

A minha experiência leva-me a acreditar em milagres, a clamar por milagres todos os dias e esperar a ação poderosa de Deus. Espero que este seja o despertar de Deus na sua vida, que você entenda a sua história como uma história de milagres e que junto comigo clame por milagres.

Você está com o coração aberto para fazer uma linda experiência de Deus com este livro? Se não estiver, o meu primeiro convite é para que você abra o seu coração e deixe o Senhor realizar esta linda obra na sua vida e através de você; é o que a Palavra nos revela por meio do profeta Jeremias: "Clama por mim, que eu te ouvirei e te mostrarei coisas grandiosas e sublimes, que tu não conheces" (Jr 33,3).

O Dom da Vida: um Grande Milagre

Estamos vivendo num mundo que tem feito uma opção pela morte, assim, vemos nações aprovarem a lei do aborto, defenderem e aceitarem a Eutanásia; em algumas, a aprovação do uso livre das drogas, a libertinagem na sexualidade, de pesquisas com células-tronco embrionárias; vemos o aumento da violência e tantos suicídios; inclusive um médico nos Estados Unidos criou a "máquina do suicídio" para que as pessoas morram sem dor, e muitos têm feito essa opção.

O saudoso papa João Paulo II chamava isto tudo que tem acontecido de "cultura de morte" ou "civilização da morte", oposta à "civilização do amor" que Jesus veio implantar. É preciso entender que o senhor da morte é o diabo, satanás, o assassino por excelência; no Evangelho de João, vemos Jesus afirmar: "O ladrão vem só para roubar, matar e destruir" (Jo 10,10).

Satanás é aquele que quer sempre roubar de nós o milagre, e a vida é um grande milagre que recebemos do Senhor, por isso ele sempre quer provocar a morte, porém, precisamos acolher e assumir a palavra de Jesus: "Eu vim para que tenham vida, e a tenham em abundância" (Jo 10,10).

Jesus é infinitamente mais poderoso e mais forte que satanás, que é nosso inimigo e inimigo do milagre da vida, e de todos os milagres que o Senhor quer realizar em nós. É em Jesus que o nosso olhar precisa estar, e é ao Senhor que clamaremos pelos milagres os quais Ele mesmo quer realizar em nós. A tentação é a de desistir, de achar que não tem mais jeito, a tentação é de não acolher a vontade de Deus.

Pude, desde o meu nascimento, experimentar o ataque do nosso inimigo contra a vida, contra a minha vida. Minha gestação foi tranquila, segundo minha família; porém, quando chegou o tempo do meu nascimento, o médico que acompanhava minha mãe na gravidez orientou-a para que o parto fosse normal. Sendo assim, ela passou vários dias com contrações, internada no hospital para dar à luz, mas não conseguia. Depois de dois dias internada, meu pai chegou ao hospital (esperando que eu já tivesse nascido) e, vendo a situação em que ela se encontrava, teve uma conversa decisiva com o médico que, imediatamente, optou por levá-la para o centro cirúrgico a fim de realizar uma cesariana (ela tinha acabado de almoçar). Nasci roxo, sem ar, e tinha tomado líquido amniótico, portanto, tive que ficar alguns dias no balão de oxigênio em recuperação.

Foi um grande milagre; a minha vida é um grande milagre. Não posso deixar de afirmar com toda a força do meu coração que o Senhor fez grandes coisas em meu favor. Este milagre veio através das mãos da Virgem Maria, Mãe de Jesus e nossa Mãe, pois nasci no dia de Nossa Senhora do Rosário, no dia 7 de outubro.

Jesus é sempre assim, Ele quer nos dar a vida, e vida em abundância. Ele quer fazer o milagre acontecer, basta clamarmos. Ele nos defende como meu pai defendeu a mim e a minha mãe naquele dia. Talvez você tenha sido rejeitado ou rejeitada por seu pai aqui da terra, mas o Pai do céu nunca o rejeitou e nunca o rejeitará. Portanto, basta percebermos que Ele enviou seu único Filho, Jesus, para que experimentemos o milagre e tenhamos vida, e vida em abundância. O Pai sempre nos quer e tem cada um de nós no seu pensamento eterno, por isso temos que louvar pelo dom da vida que recebemos e pela linda obra de Deus em nós. Deus nos defende, está conosco e nos quer perto dele, quer que experimentemos seus milagres, que sejamos instrumentos para eles.

Não há dúvidas de que aquele médico não desejava a minha morte, mas o senhor da morte, satanás, estava à espreita, querendo me matar, pois é assim que hoje ele faz com as criancinhas que são mortas, com os fetos abortados e os embriões manipulados.

O inimigo sabia que eu seria um canal de milagres e que o dom da vida é sempre uma ameaça para ele, por isso ele quer matar, destruir e sempre confundir. Ao contrário, Jesus é a vida, Ele veio dar a vida, e vida plena. Por isso, nunca podemos desistir do milagre da vida, e precisamos ser defensores dela, clamando, com toda a força do nosso coração, pelo milagre da vida. "Eu vim para que tenham vida, e a tenham em abundância" (Jo 10,10). Jesus é a vida, nele está o milagre.

O Novo Nascimento, Outro Grande Milagre

Sempre fui criado e educado na Igreja Católica Apostólica Romana. Fui batizado no dia 11 de dezembro de 1976, na Matriz São Benedito, em Itaperuna-RJ, minha cidade de origem. Com nove anos fiz a primeira comunhão, na Igreja de Santo Antônio, em Raposo, distrito da cidade acima referida, onde também recebi o Crisma com doze anos. Participava de um grupo de perseverança promovido pela catequese desta comunidade.

A partir de uma experiência negativa com um sacerdote, que não me acolheu bem num dia em que fui me confessar, fui levado a um afastamento da Igreja, um desânimo, o que me fez viver aquilo que os adolescentes da minha época viviam: álcool, baladas, mulheres, uma sexualidade desregrada e drogas.

Tudo começou, praticamente, como acontece com todos os jovens: na brincadeira, na curtição, para tirar uma onda nas festas; porém, quando se percebe, já não é possível mais ficar sem aquilo que se usa. Isso aconteceu comigo logo que deixei a Igreja.

Foi nesta época que me envolvi com o movimento *rock*, passando por muitas fases dentro dele. Num primeiro instante, envolvi-me com os *punks*, depois com o *heavy metal*, até chegar a ouvir e a seguir bandas declaradamente satânicas. Realmente, foi uma decadência em nível espiritual e humano.

O pior é que foi introjetado em minha mente um pensamento anarquista, totalmente contrário à Igreja, seus dogmas e sua hierarquia. Tudo isso, junto com a mágoa trazida do padre que me destratou no confessionário, foi um prato cheio para minha revolta contra a Igreja, o distanciamento cada vez maior de Deus e o domínio do diabo (o divisor). Transformei-me num opositor da Igreja. Via os padres e cuspia, falava mal do Papa e de tudo aquilo que se referia à Igreja.

Sempre fui um bom filho, um bom aluno, um amigo fiel, porém, neste tempo, comecei a decair em todos esses aspectos, distanciando-me daquilo que realmente eu era. Então, começaram a chegar até a minha família notícias de pessoas que me viram usando drogas e bêbado pelas ruas. Minha mãe veio até mim e perguntou-me se o que as pessoas diziam era verdade. Indaguei sobre o que estavam comentando, e ela me disse que as pessoas me viram usando drogas e bebendo muito. Afirmei que não era verdade, inquirindo se ela não confiava na educação que havia me dado, e ela respondeu que sim, que confiaria em mim. Então, tranquilizei-me, pois nunca quis magoar a minha família; no fundo eu queria voltar a ser o filho que sempre fora.

Decidi abandonar o movimento *rock* quando conheci o Rio de Janeiro e os "bailes *funks*" da Baixada Fluminense e dos morros do Rio. Gostei desse movimento e do estilo dos frequentadores desses bailes. Comecei a frequentá-los e me envolvi completamente com o jeito de falar, de vestir e de pensar dessa turma.

Estava com o coração longe de Deus; meu comportamento, minha vida, minha sexualidade e afetividade estavam totalmente estragados. Vivia num estágio de euforia, no entanto, não era feliz. Tinha as mulheres que queria, mas não era feliz, realizado, pois faltava algo que eu não sabia o que era; curtia os bailes, era líder, usava drogas, bebia, mas não estava satisfeito.

Sei que muitas pessoas estão vivendo nessa mesma situação, com um vazio existencial, com picos de euforia, numa onda de drogas e álcool, de sexo, numa vida sem sentido, e posso afirmar que não é essa vida que o Senhor Deus quer para os seus amados filhos. A vida que o Senhor tem é uma vida plena, cheia de alegria, e não de euforia, uma vida feliz e realizada.

Esta sensação de sentir-me vazio sempre me questionou muito, pois eu fazia o que queria, mas não era feliz, e isso me incomodava muito, porém, ainda não tinha a consciência do que faltava na minha vida. Fui afundando cada vez mais numa sexualidade e afetividade corrompidas, como também nas drogas e álcool, me deteriorando como pessoa, acabando com a imagem de Deus que trazia em mim. Igualmente, muitos continuam manchando e deteriorando a imagem de Deus que trazem impressa em si mesmos.

O Senhor que é Deus de milagres, porém, deu-me uma nova chance de me olhar de frente, de perceber o que realmente faltava na minha vida, mas demorou um pouco para que eu assumisse e tomasse uma decisão radical pela vida nova que Ele mesmo queria me dar.

O Deus de milagres visitou-me num lugar onde as pessoas não vão para buscá-lo, no entanto, Ele foi capaz de buscar-me neste lugar. Foi num domingo (dia do Senhor), num baile *funk*, na Baixada Fluminense; esse baile tinha começado como todos os domingos, muita curtição, mulher e bebida; e o interessante foi que nesse dia eu não havia usado drogas. Quando comprei uma cerveja e dei o primeiro gole, ouvi uma voz que me dizia assim: "Você só me procura quando você precisa". Continuei dançando, curtindo o baile e imaginando que aquela cerveja estava me dando algum tipo de alucinação, pois já havia experimentado drogas alucinógenas. No segundo gole da bebida, escutei a mesma voz dizendo a mesma coisa:

"Você só me procura quando você precisa". Não entendi nada naquele momento e continuei pensando que alguém tinha colocado alguma coisa na bebida. Então, perguntei para alguns colegas se tinham colocado algum tipo de droga no meu copo, mas afirmaram que não. Na terceira golada, a voz se repetiu: "Você só me procura quando você precisa". Naquela hora comecei a entender, houve um despertar e compreendi o que estava acontecendo – pensei: Deus está falando comigo, veio me resgatar!

Eu não podia acreditar que o Senhor pudesse entrar num baile *funk*, numa balada, para falar comigo. O lugar em que geralmente Ele fala com as pessoas é na Igreja, num momento de oração, na leitura da Bíblia, por meio de uma pessoa ungida. Então me lembrei da "Parábola do Filho Pródigo", ouvida muitas vezes nas Missas que frequentei e contadas pela minha professora de catequese; assim, fui me convencendo de que era Deus, o Deus de milagres que estava falando comigo. Ele não mede esforços para conquistar os filhos dele. O Senhor é capaz de ir aos lugares mais complicados e obscuros para resgatar aqueles que lhe pertencem. Não tenho dúvidas de que Ele está sempre na porta de uma "boca de fumo", esperando que dêem um espaço no coração para falar-lhes; certamente Ele é capaz de entrar num motel e esperar a hora de uma pessoa dar uma brecha para que Ele entre e mude aquela vida; acredito que Ele visita as baladas para resgatar seus eleitos. Ele está em todos os lugares esperando o nosso sim, esperando a oportunidade de entrar no nosso coração e realizar o milagre que é o resgate da nossa vida.

Temos que ter a consciência da grande missão de Jesus: "De fato, Deus amou tanto o mundo, que deu o seu Filho único, para que todo o que nele crer não pereça, mas tenha a vida eterna" (Jo 3,16). Por isso, podemos afirmar que Ele é capaz de fazer qualquer coisa para nos salvar, porque foi para isso que o Pai enviou-o a este mundo.

Impressionante foi a minha reação quando tomei consciência de que era Deus que estava falando comigo. Jesus tinha ido àquele lugar para encontrar-se comigo e me dar uma nova chance. Perguntei-me naquele momento de consciência: o que estou fazendo aqui? Imediatamente comecei a ver as coisas erradas que aconteciam naquele lugar – a sensualidade, o uso livre de drogas, pessoas alcoolizadas, brigas, sexo etc. Esperei a hora de ir embora e naquela noite não consegui dormir, lembrando-me de quando eu tinha alegria no coração ao participar da Santa Missa, da catequese, das vezes que a minha mãe me levava para a Igreja, e resolvi voltar para a casa dos meus pais.

Deus sempre espera que voltemos para casa, para a sua casa, para o seu convívio, para os seus braços. Portanto, quero convidar você, que agora está lendo este livro, a voltar para a casa do Pai, pois Ele está te chamando, Ele está te convidando, e se você quer ser feliz, volte para o Senhor seu Deus com todo o seu coração e com todas as suas forças. Este é o desafio que agora faço a você.

No dia seguinte, arrumei minhas coisas e voltei para casa. Cheguei à casa de meus pais e tive uma grande surpresa: estava havendo uma oração com os irmãos da Renovação Carismática Católica, que faziam uma corrente de oração para a libertação de um primo que passava por tal processo. Fiquei incomodado com aquela oração, senti repulsa, critiquei-os depois que se foram, declarando que aquilo tudo era um fanatismo o qual eu não queria para a minha vida. Apesar de ter feito aquela experiência com Deus, não tinha, ainda, rendido o meu coração ao Senhor; eu estava resistindo.

Até quando você vai continuar resistindo ao toque do amor de Deus? Não tenha medo de se entregar totalmente, Ele está te chamando de volta, você é importante para o Senhor.

Resisti e não permiti que aquela experiência que tive com o Senhor me levasse a uma mudança radical de vida. Continuei vivendo uma vida mundana e vazia, sem a alegria que Deus pode dar, e que é duradoura. Minha vida se resumia ao trabalho, a festas e ao uso do álcool diário. Algo de que me libertei, ao retornar para minha cidade, foi das drogas, mas o álcool ainda fazia parte da minha vida diariamente.

Um dia, uma senhora chamada Maria Isabel (Bebel), num bar, fez-me um convite para que eu fosse a um grupo de oração no bairro onde minha família morava. Num primeiro instante, resisti e senti ódio daquela mulher que estava querendo fazer proselitismo comigo, mas depois me veio o seguinte pensamento: essa mulher é tão gentil comigo, já me ajudou tantas vezes quando bebi e passei mal, o que custa eu ir ao grupo para agradá-la? Na mesma hora disse que iria sim, perguntei quando era e ela me respondeu que acontecia todas as segundas-feiras na comunidade de São João Batista. Fiquei um mês protelando, enrolando, resistindo, até que ela me abordou de novo e fez um novo convite. Para que ela parasse de me cobrar prometi ir na próxima segunda-feira.

Esta serva de Deus não desistiu de mim; de fato, algo importante que devemos assumir é a insistência; mesmo que as pessoas sejam difíceis, vale a pena tentar.

Pela insistência dela, o milagre aconteceu na minha vida, e hoje sou multiplicador de milagres. Deus me usa e faz. É a hora de você insistir com o seu marido, é a hora de você insistir com a sua esposa, é a hora de você insistir com o seu filho e sua filha, é a hora de você insistir com a sua mãe, com o seu pai, com aquele amigo ou amiga. Não desista, não desanime, é a hora de Deus para os seus. Faça como a Bebel, persista e verá o milagre acontecer.

Como prometi, fui com mais dois amigos a este grupo de oração. Algo interessante: esse grupo não tinha jovens, era um povo mais maduro, senhoras e senhores, tudo muito simples. Quando os vi cantar com alegria, louvar com poder e orar em línguas, algo começou a acontecer dentro de mim, e senti uma paz, uma alegria, um preenchimento tão grande no coração nunca sentido antes, nem mesmo numa relação sexual pecaminosa fora do casamento, ou numa "onda" de alguma droga ou álcool, nem mesmo na euforia das baladas, que eram efêmeras. Aquilo que eu senti não passou, permaneceu e permanece até hoje.

Perguntei o que estavam expressando na oração em línguas, e a Bebel me instruiu na Palavra de Deus, explicando os textos que falam dessa oração, o que já desejei para a minha vida naquele momento. Fui privilegiado por estar sendo realizado num Seminário de Vida no Espírito; e no último dia desse seminário, que acontece geralmente durante sete semanas, fui batizado no Espírito Santo, nasci de novo. Assim, o grande milagre da autêntica conversão aconteceu na minha vida. O Senhor realmente é fiel. "Pois Deus enviou o seu Filho ao mundo, não para condenar o mundo, mas para que o mundo seja salvo por ele" (Jo 3,17).

Experimentei a graça concreta da salvação, senti-me purificado; constatei uma transformação, que ia além da minha racionalidade, estava acontecendo dentro de mim, e nos dias correntes vi o grande milagre se concretizando: as gírias que eu utilizava foram desaparecendo, o meu jeito de vestir foi mudando, a alegria não passava e até mesmo a minha aparência foi sendo transformada. Fui salvo, experimentei a força da salvação que o batismo sacramental, recebido quando criança, já havia me conferido, e naquele momento foi muito concreta a certeza da salvação conquistada por Jesus lá na cruz por mim. Experimentei aquilo que Jesus tinha dito a Nicodemos naquela conversa à noite, quando ele foi buscá-lo para tirar algumas dúvidas sobre o Reino de Deus, e o Senhor afirmou àquele homem: "Em verdade, em verdade, te digo: se alguém não nascer do alto, não poderá ver o Reino de Deus. [...] O vento sopra onde quer e ouves a sua voz, mas não sabes de onde vem, nem para onde vai. Assim é também todo aquele que nasceu do Espírito!" (Jo 3,3.8). Posso testemunhar, nasci de novo, pela graça do Batismo no Espírito Santo, aquilo que a Igreja define como Efusão do Espírito Santo.

Depois dessa linda experiência, imediatamente procurei um sacerdote para confessar-me e ser perdoado pelos pecados que cometi nos cinco anos em que estive desviado. Foi outra experiência de milagres, pois a confissão já tinha um novo sentido para mim, senti-me plenamente perdoado, amado, acolhido por Jesus, realmente era a vida nova que eu tinha recebido de Deus.

Posso usar as palavras de São Paulo a Timóteo para a minha vida e para a minha história, palavras de gratidão a Deus e de reconhecimento da obra de salvação de Cristo Jesus:

> Sou agradecido àquele que me deu forças, Cristo Jesus, nosso Senhor, pela confiança que teve em mim, colocando-me a seu serviço, a mim que, antes, blasfemava, perseguia e agia com violência. Mas alcancei misericórdia, porque agia por ignorância, não tendo ainda a fé. A graça de nosso Senhor manifestou-se copiosamente, junto com a fé e com o amor que estão em Cristo Jesus (1Tm 1,12-14).

É exatamente assim que sempre me sinto: grato a Jesus por tudo o que em mim Ele fez e continua fazendo.

Algo importante que também aconteceu neste mesmo período foi o rompimento que vivi com tudo aquilo que fazia parte da vida que eu levava. Num primeiro instante, continuei ouvindo o *rock*, os *funks*, assinando revistas do assunto, e meu quarto era todo decorado com pôsteres de bandas de *rock*, sendo a mascote de uma delas um demônio, uma criatura horrenda. Porém, certo dia, escutei uma pregação de um homem de Deus, um profeta, chamado Monsenhor Jonas Abib, na qual ele dizia que o pecado queria nos destruir. Na pregação, ele tratou da renúncia a tudo o que é do mundo, e por isso contaminado, e parecia que ele visualizava o meu quarto, os meus discos, as minhas camisetas, e tudo o que eu tinha. Esse homem de Deus dizia que se não jogássemos fora tudo aquilo que era relacionado à vida velha, não poderíamos jogar no time de Deus. Na mesma hora decidi jogar fora o que era do homem velho, pois eu queria ser do time de Deus, um bom atacante, fazendo muitos gols e levando esse time a muitas vitórias. Peguei meus discos de vinil, minhas revistas, minhas camisetas, *posters*, e tudo o que era relacionado com a vida velha e fiz uma grande fogueira. Comecei realmente, a partir daquele dia, uma vida nova a qual estou vivendo até hoje. A única coisa que me preenche de verdade é Deus e a música do céu.

Entendo agora a oração sacerdotal de Jesus que São João apresenta no seu Evangelho:

> Eu rogo por eles. Não te rogo pelo mundo, mas por aqueles que me deste, porque são teus. Eu já não estou no mundo; mas eles estão no mundo, enquanto eu vou para junto de ti. Eu lhes dei a tua palavra, mas o mundo os odiou, porque eles não são do mundo, como eu não sou do mundo. Eu não rogo para que os tires do mundo, mas que os guarde do maligno. Eles não são do mundo, como eu não sou do mundo. Consagra-os pela verdade: a tua palavra é a verdade. (Jo 17,9.11.14-17)

Sou fruto desta oração de Jesus, e esta oração do Senhor, direcionada ao Pai, está também disponível a você. Foi em você que Jesus pensou quando orou ao Pai.

Desse modo, não podemos compactuar com o mundo. São Tiago é incisivo ao falar do mundo: "Adúlteros, não sabeis que a amizade com o mundo é inimizade com Deus? Assim, todo aquele que pretende ser amigo do mundo torna-se inimigo de Deus" (Tg 4,4). São Leão Magno, num de seus sermões, alerta-nos: "O amor do mundo não combina com o amor de Deus, nem passa para a sociedade dos filhos de Deus quem não se separa da vida carnal".

Deus quer ser nosso amigo. E nós, queremos ser amigos de Deus? Você quer ser amigo de Deus? Então, faz-se necessário esse rompimento com o mundo, e uma adesão sincera e consciente a Deus. São Paulo vai nos ensinar o caminho dizendo: "Se ressuscitastes com Cristo, buscai as coisas do alto, onde Cristo está entronizado à direita de Deus; cuidai das coisas do alto, não do que é da terra" (Cl 3,1-2). Eu sou um milagre de Deus, porque fui resgatado pelo Senhor, estou buscando as coisas do alto e totalmente comprometido com o céu. Creio que você também pode proclamar essa verdade: que você é um grande milagre de Deus, resgatado pelo sangue de Cristo e ressuscitado com Ele.

Não tenho dúvidas de que aquele que experimenta milagres acaba sendo alguém usado por Deus para produzir milagres. Se você observa isso na minha vida, você pode observar na sua. Veja que milagre é a sua vida, veja quanto milagre Deus tem feito nela, e isso desperta a sua fé para acreditar no poder e na força do Senhor para a realização dos milagres na vida de tantas pessoas. Posso testemunhar que os milagres que vi o Senhor realizando em minha vida, a própria transformação que Jesus fez em mim, me dão hoje a graça de acreditar em milagres, de esperar a ação de Deus e de nunca duvidar que Ele é capaz de fazer grandes coisas na vida das pessoas Isto não me deixa desistir de ninguém, é um impulso para acreditar que nosso Deus é Deus de milagres.

Somos chamados ao louvor e ao reconhecimento do poder dele em nossas vidas, e com o Salmista vamos orar com fé: "Minha alma, bendize o Senhor, e não esqueças nenhum de seus benefícios. É Ele quem perdoa todas as tuas culpas; que cura todas as tuas doenças; é Ele quem salva tua vida do fosso e te coroa com sua bondade e sua misericórdia" (Sl 103,2-4).

TESTEMUNHO:

Deus tem me dado a graça de ver muitas pessoas sendo restauradas pelo meu ministério, principalmente jovens que muitas vezes estão vivendo o que eu vivi no passado. No ano de 2001, fui a São José dos Campos, uma cidade do Vale do Paraíba, no Estado de São Paulo, pregar um encontro de intercessores da RCC (Renovação Carismática Católica) daquela Diocese. Neste encontro contei, numa das pregações, a experiência de milagre que tinha feito na minha vida, da libertação das drogas e de tudo o que já pude partilhar neste capítulo. Uma jovem procurou-me, dizendo que um amigo – de apenas 18 anos de idade – tinha sido preso e que a situação era muito difícil. Pediu-me para escrever uma carta para ele. Na mesma hora, concordei e pedi o endereço; lembro-me que deixei anotado na última página da minha Bíblia o endereço do presídio. Entretanto, ao voltar para Cachoeira Paulista, onde morava naquele tempo, esqueci-me. Num certo dia, eu estava fazendo adoração ao Santíssimo, abri a Bíblia e me lembrei do endereço e do jovem. Na mesma hora orei por ele e escrevi uma carta, dizendo que Deus o amava, independente do que ele tivesse feito, e que era a hora de ele se entregar a Deus inteiramente, pois Deus estava dando-lhe uma nova chance de ser feliz. Sempre acreditei no nosso Pai Fundador, Monsenhor Jonas Abib, que nos diz que existe uma eficácia sobrenatural no carisma Canção Nova, e que até uma carta ou um e-mail que escrevemos leva a unção e a libertação para as pessoas. Foi exatamente isso que aconteceu com aquele jovem: passados alguns dias, recebi a carta dele dizendo que tinha sido tocado pelas palavras e que estava disposto a ser de Jesus. A partir de então, comecei a acompanhá-lo, visitando-o no presídio, mandando livros e palestras da Canção Nova para evangelizá-lo, e fui vendo a linda obra que o Senhor foi fazendo na vida desse rapaz. Um dos grandes milagres foi levar um sacerdote para ele se confessar (pois eu ainda não era padre), e Deus foi fazendo gradativamente a obra. Correspondíamo-nos sempre e um dia esse jovem me pediu para orar na intenção do seu julgamento que aconteceria naqueles meses. Orei e jejuei pedindo a Deus que lhe desse a graça de experimentar a absolvição ou uma pena reduzida, que lhe permitisse sair logo da cadeia, sempre lembrando a Deus da conversão do jovem, e que ele não era um bandido. Passados alguns meses, ele me mandou uma carta dizendo que tinha sido condenado a 23 anos de cadeia, fiquei muito chateado, mas consolado com as palavras dele na carta que diziam textualmente assim: "Tudo o que Deus faz é bom e é perfeito. Essas grades não podem me prender mais, pois me sinto livre, Jesus Cristo me libertou!" Vi que realmente o milagre tinha acontecido na vida dele. Tive a graça de acompanhá-lo durante seis anos na cadeia, visitando-o, correspondendo-me com ele. Ademais, muitas pessoas do Brasil oraram, através da Missa do Clube, naquela época

> celebrada pelo Pe. Edimilson, para que o milagre acontecesse. Foi quando Deus nos deu uma palavra: "Grita de alegria, filha de Sião! Canta, Israel! Alegra-te e exulta, de todo coração, ó filha de Jerusalém! O Senhor aboliu a sentença contra ti, afastou teus inimigos" (Sf 3,14-15). Tomamos posse, juntos, dessa palavra e eu disse a ele que o esperava na minha ordenação sacerdotal, porque tinha certeza da vitória, e que essa palavra se realizaria. Deus cumpriu a promessa, em 2006 a sentença foi revogada, o julgamento foi cancelado e, no dia 12 de dezembro de 2006, lá estava ele na minha ordenação sacerdotal. Realmente, o nosso Deus é um Deus de milagres. Aleluia.

"Portanto, se alguém está em Cristo, é criatura nova. O que era antigo passou, agora tudo é novo" (2Cor 5,17). Diante de uma obra tão grande de Deus como foi essa na vida desse jovem, diante da obra que o Senhor fez na minha vida, como posso não acreditar em milagres? Como não continuar clamando por milagres? É vida nova, é novo nascimento, é milagre de Deus!

Deus quer realizar o milagre da vida nova, do novo nascimento nas nossas vidas! Vamos orar e clamar por esse milagre com muita fé:

> *Senhor Deus, coloco-me, nesta hora, em tua presença, acreditando que podes realizar na minha vida uma obra nova, acreditando que podes tocar em todo o meu*

ser, fazendo-me renascer pela água e pelo Espírito. O Senhor, melhor do que ninguém, conhece as minhas necessidades, e creio que a tua misericórdia é infinita. Quero pedir-te perdão de todos os meus pecados, das minhas fraquezas e limitações, dos meus erros e, principalmente, pelas vezes que me afastei de ti e da tua presença. Peço-te, Jesus, que entres no meu coração, que toques na minha mente, nos meus sentidos, e também no meu corpo, para que todo o meu ser esteja rendido ao teu poder e à ação do teu milagre. Clamo, nesta hora, por uma vida nova, pelo novo nascimento que preciso experimentar neste momento; preciso experimentar em mim a ação poderosa do teu Espírito Santo, que pode mudar definitivamente a minha vida e fazer de mim uma pessoa totalmente restaurada e renovada. Faze o milagre acontecer na minha vida, meu Senhor e meu Deus, o milagre da vida nova, do novo nascimento, da conversão. Por isso, peço com toda a força do meu ser: batiza-me com teu Espírito Santo neste momento. Te aceito como meu único Senhor e Salvador, e deixo a vida velha, mundana, os pecados, para viver a vida nova concedida a mim por ti, na força do teu Espírito. Amém. Aleluia. (Ore por um instante em línguas, ore quantas vezes achar necessário esta oração).

A Fé que Alcança Milagres

Se fizermos um aprofundamento na Sagrada Escritura, na Bíblia, vamos nos deparar, desde o Antigo Testamento até o Novo Testamento, com um povo de muita fé, com homens marcados por grandes lutas e que se transformaram em grandes homens da fé, pois colocaram a sua confiança em Deus.

No ministério de Jesus, vemos a realização concreta da fé que cura, que faz milagres. A todas as pessoas que foram atingidas pelo poder de Jesus, Ele mesmo afirmava: "A tua fé te salvou". Talvez pudéssemos nos perguntar: por que Jesus diz "a tua fé te salvou", e não a tua fé providenciou o milagre, ou te curou.

Exatamente porque o Senhor quer fazer a obra completa, não somente um milagre, uma cura, mas quer salvar a pessoa inteiramente, corpo e alma. O milagre é sempre o pretexto de Deus para nos salvar por inteiro.

O autor da Carta aos Hebreus nos afirma: "A fé é a certeza daquilo que ainda se espera, a demonstração de realidades que não se vêem" (Hb 11,1). Existe um princípio em tal afirmação que precisamos compreender, tomando posse dessa linda revelação de Deus, para substanciar a nossa fé, isto é: "certeza daquilo que ainda se espera". É preciso esperar, o que é um princípio primordial para se experimentar o milagre. E, nesse sentido, a Carta aos Hebreus indica um caminho de certeza do que ainda se espera. Essa é a realidade do conceito de fé na Bíblia. Se formos ao dicionário, veremos que certeza é a qualidade daquilo que é certo, ou seja, certamente vou receber aquilo que espero.

É assim que precisamos nos colocar em oração, tendo a certeza em Deus de que receberemos aquilo que estamos esperando, sem titubear, sem desconfiar, sem duvidar, pois é certeza do que ainda se espera. O advérbio de tempo "ainda" indica que estamos esperando o que pode se realizar no tempo previsto por Deus.

A Bíblia diz que temos um pai na fé que se chama Abraão. Realmente, um homem de fé que viveu exatamente aquilo que o Senhor Deus o indicou. Deus fala a Abraão, que já tinha 75 anos, e o manda sair de sua terra:

> "Sai de tua terra, do meio de teus parentes, da casa de teu pai, e vai para a terra que vou te mostrar. Farei de ti uma grande nação e te abençoarei: engrandecerei o teu nome, de modo que ele se torne uma bênção.

> Abençoarei os que te abençoarem e amaldiçoarei os que te amaldiçoarem. Em ti serão abençoadas todas as famílias da terra!" (Gn 12,1-3).

O que Abraão fez? Questionou a Deus? Perguntou qual seria o salário, quais seriam suas vantagens, se ele teria segurança? Não! Abraão confiou na palavra e na promessa de Deus, e saiu de sua terra para tomar posse de uma terra que ele não conhecia, mas que o seu Senhor prometera lhe dar.

Nos tempos em que vivemos, o povo de Deus tornou-se tão materialista que se fechou às experiências sobrenaturais; nosso tempo é o tempo da mídia, da globalização, do virtual, sendo que muitas vezes não conseguimos experimentar nem o real e nem o sobrenatural. Falta-nos a intimidade com Deus, e justamente devido a essa falta de intimidade acabamos sendo intimidados pelos problemas, pelas doenças, pelos medos, pelas síndromes, pela violência, pela corrupção. Dessa forma, por vivermos distante do sobrenatural, nem mesmo acreditamos que Deus seja capaz de fazer algo a nosso favor, colocando-o em descrédito, uma vez que a máquina, o computador, o dinheiro fazem tudo por nós. Sendo assim, o sobrenatural acaba deixando de ter lugar na vida cotidiana do povo de Deus, pois tudo hoje tem que ter uma resposta racional ou uma prova científica. Abraão não teve garantias, apenas precisou acreditar que Deus estava a seu favor e agir pela fé. É hora de agirmos pela fé e depositarmos a confiança em Deus, que é Senhor de todas as coisas.

Imaginemos quando Deus mandou Abraão olhar para o céu: "Olha para o céu e conta as estrelas, se fores capaz! E acrescentou: 'Assim será a tua descendência'" (Gn 15,5). Esse foi realmente um teste de fé, pois Abraão já tinha idade avançada e não existiam remédios, como hoje, que recuperavam a atividade sexual do homem; além do mais, Sara era estéril. Dá para imaginar o tamanho da fé deste homem de Deus; ele se abandonou nos braços de Deus e viu acontecer o que o Senhor tinha lhe prometido, pois nasceu o "filho da promessa", Isaac. Nesse sentido, faz-se mister ressaltar o fato de que somos da geração de Abraão, e precisamos fazer uma opção de viver pela fé.

Creio ser essa a convocação de Deus para cada um de nós neste tempo: viver de fé! A Igreja hoje precisa de novos Abraãos, de novas Saras, de novos Moisés e Josués, por isso precisamos nos deixar conduzir pelo sobrenatural e permitir que Deus nos faça crescer na fé. O diabo tem tentado ao máximo esfriar a nossa fé. Basta sentar diante de um noticiário e ver as catástrofes, a corrupção, a violência, as guerras etc. Perante tal contexto, somos tentados a dizer: não tem mais jeito mesmo! Destarte, todas as vezes que digo que uma determinada situação não tem mais jeito significa que o meu Deus não pode nada, que Ele é um fraco.

Precisamos acreditar em milagres, e crer que nosso Deus pode mudar o Brasil e as nações. Precisamos crer que Deus pode realizar o impossível e no dia de hoje estamos pedindo a Ele; crer que Deus pode atingir aquela pessoa da nossa casa da qual tínhamos desistido. Se Deus foi capaz de abrir o mar para o povo eleito, basta contemplarmos a palavra profética direcionada ao povo: "Não temais! Permanecei firmes e vereis a vitória que o Senhor hoje vos dará. Pois os egípcios que hoje estais vendo, nunca mais os tornareis a ver. O Senhor combaterá por vós; e vós, ficai tranquilos!" (Ex 14,13-14). É a voz de Deus para mim e para você, é profecia, Deus combate em nosso favor!

> Moisés estendeu a mão sobre o mar, e durante a noite inteira o Senhor fez soprar sobre o mar um vento leste muito forte, fazendo recuar o mar e transformando-o em terra seca. As águas se dividiram e os israelitas entraram pelo meio do mar a pé enxuto (Ex 14,21-22).

Qual é o mar que precisa ser aberto para que passemos a pé enxuto? Qual é o inimigo que precisa ser vencido? Qual é o impossível da sua vida? Tenho certeza de uma coisa: se Deus não abrir o mar, Ele vai fazer-nos andar por sobre as águas, e a vitória virá! Aleluia! Porém, é preciso buscar a fé, orar, estar no sobrenatural!

Nosso Pai Fundador – Monsenhor Jonas Abib – sempre afirmou que a Canção Nova vive do sobrenatural, e posso testemunhar isso: Deus sempre vem em nosso favor. Cresçamos na fé, no abandono em Deus, e veremos o que Deus é capaz de fazer por nós. Josué caminhou no sobrenatural e orou durante uma batalha para que o sol parasse, e a palavra de Deus atesta: "Parou, pois, o sol no meio do céu e não se apressou a descer pelo tempo de quase um dia. Nem antes nem depois houve dia como aquele, em que o Senhor obedeceu à voz de um homem, pois o Senhor lutava por Israel" (Js 10,13-14). Será que Josué deu uma ordem para Deus? Claro que não! O que Josué fez foi orar, orar e orar. Talvez aquele impossível que você esteja pedindo a Deus ainda não tenha acontecido, mas é necessário que você continue lutando, orando e buscando a Deus. Pela oração você conquistará o milagre, porém, é necessário que continue orando, buscando a Deus pela fé, não desanimando, e na hora certa o Senhor fará o impossível. É preciso crer, orar, clamar. "A fé é a certeza daquilo que ainda se espera, a demonstração de realidades que não se vêem" (Hb 11,1).

Quero partilhar algo muito importante neste momento, que é exatamente aquilo que São Tiago nos fala na sua carta:

> Se a alguém de vós falta sabedoria, peça-a a Deus, que a concede generosamente a todos, sem impor condições; e ela lhe será dada. Mas peça com fé, sem duvidar, porque aquele que duvida é semelhante a uma onda do mar, impelida e agitada pelo vento. Não pense tal pessoa que receberá alguma coisa do Senhor, ambígua como é e inconstante em todos os seus caminhos (Tg 1,5-8).

Este trecho da carta de Tiago nos apresenta um grande ensinamento: orar com fé, pedir a Deus com fé, sem impor condições e sem duvidar. Algo precisa ficar bem claro neste processo de experiência de fé – Deus não se compra, fé não é troca e nem manipulação do Senhor, é abandono total, é confiança incondicional no Senhor dos senhores, no Deus forte e poderoso, esperando sempre a hora de Deus, esperando sempre que Ele faça aquilo que colocamos diante dele em oração, sem duvidar. O texto de Tiago é claríssimo: aquele que pede duvidando "não receberá coisa alguma do Senhor".

Para entendermos o que São Tiago nos fala, lembremo-nos de que Jesus – cheio do Espírito – foi para a Galileia, depois de ter enfrentado satanás no deserto, e, especificamente, começou a ensinar na sua cidade natal, Nazaré. Recebeu muitos elogios, mas, igualmente, muitos olhares desconfiados, pois todos o conheciam e sabiam que Ele era filho de Maria e José, que trabalhava na carpintaria, e se perguntavam de onde lhe vinha tanta sabedoria e capacidade de operar milagres, sendo que aquelas mãos sempre foram usadas para a carpintaria. Muitos compatriotas de Jesus ficaram até escandalizados com o que estavam vendo e ouvindo. Foi quando Jesus se dirigiu a eles e disse: "Um profeta só não é valorizado na sua própria terra, entre os parentes e na própria casa" (Mc 6,4). Jesus disse isso com dor no coração, com certeza desejava fazer muita coisa para os de sua terra natal, no entanto, estava encontrando resistência. Sempre queremos o melhor para aqueles que amamos, para o nosso povo, os nossos familiares. Vejo por mim: o quanto amo a minha cidade natal, o quanto penso no meu povo, o quanto quero o bem desse povo amado, o que me leva a refletir sobre o

Senhor Jesus, sobre o quanto Ele queria ser canal de milagres ali onde viveu.

O Evangelho traz uma informação estarrecedora da atividade de Jesus na sua cidade: "E não conseguiu fazer ali nenhum milagre, a não ser impor as mãos a uns doentes. Ele se admirava da incredulidade deles" (Mc 6,5-6). Na terra de Jesus não existia um ambiente de fé para que Ele fizesse milagres, o que havia era incredulidade em relação à sua pessoa. A fé é a base para que os milagres aconteçam, por isso precisamos cada vez mais romper em fé, crescer em fé, buscar um reavivamento da nossa fé.

Talvez você até se pergunte, diante dessa palavra tão dura e, no entanto, tão verdadeira: será que tenho fé? Ou pode pensar que tem uma fé pequena demais para alcançar milagres. Nesse sentido, precisamos assumir o que a doutrina da Igreja nos afirma, ou seja, que no Sacramento do Batismo recebemos as Virtudes Teologais, que são três: "fé, esperança e caridade". Portanto, não existe um cristão batizado que não tenha fé. Essa virtude teologal está em nós e ninguém pode arrancá-la. E Jesus, ensinando os discípulos sobre a fé, fez uma belíssima afirmação: "Em verdade vos digo: se tiverdes fé do tamanho de um grão de mostarda, direis a esta montanha: 'Vai daqui para lá', e ela irá. Nada vos será impossível" (Mt 17,20).

Um grão de mostarda, de fato, é muito pequeno, quase não é possível enxergá-lo a olho nu, é muito pequeno mesmo, e o Senhor está dizendo que se tivermos uma fé do tamanho deste grão, transportaremos montanhas, e ainda faz uma afirmação-promessa que deve ser assumida na nossa vida: "Nada vos será impossível". Podemos sem medo afirmar o que a Palavra de Deus já nos atesta – tudo é possível para quem tem fé, mesmo que essa fé seja uma pequena fé como um grão de mostarda. "A fé é certa, mais certa que qualquer conhecimento humano, porque se funda na própria Palavra de Deus, que não pode mentir" (CIC 157).

Por isso, precisamos assumir, tomar posse da fé que temos, acreditar mesmo que tudo indique o contrário; há uma profecia da qual precisamos tomar posse, a palavra de Deus não mente, temos fé, e é hora de rompermos em fé, de darmos passos, de avançar. Se Abraão não avançasse quando Deus o chamou, não teria experimentado a concretização das promessas de Deus na sua vida e na vida do povo que é fruto dessa promessa. Se Moisés não tivesse avançado, pela fé, mar adentro, o povo não passaria a pé enxuto pelo mar que se abriu. Se Josué não tivesse erguido seus braços e feito um ato profético pela fé, o sol não teria parado e a lua não teria retrocedido. É hora de acreditarmos, e mesmo que a nossa fé seja do tamanho de um grão de mostarda, nada nos será impossível.

Aquela mulher do Evangelho que padecia de fluxo de sangue, de hemorragia, tinha tudo para já ter desistido da sua situação e se entregado, pois há doze anos padecia desse mal, deixando-a excluída da sociedade por causa da lei do Levítico, a qual afirmava que uma mulher com hemorragia era impura e todos os que tivessem contato com ela se tornariam impuros. Foram doze anos de sofrimentos, de angústias, de incertezas, pois tinha padecido todos aqueles anos nas mãos dos médicos, gastando tudo o que possuía. Poderia estar sem fé, no entanto, ao ouvir falar de Jesus, sua fé brotou no coração e ela acreditou que poderia experimentar o milagre do Senhor em sua vida: "Se eu conseguir tocar na roupa dele, ficarei curada" (Mc 5,28).

Ela não pediu uma audiência com Jesus, nem mesmo pensou em tentar conversar e explicar numa conversa de horas o que tinha vivido naqueles doze anos de padecimento, de fraqueza (pela perda de sangue) e de exclusão da sociedade, por ser considerada impura. A fé dessa mulher havia crescido só de ter ouvido falar de Jesus, dos milagres que Ele estava operando, dos seus ensinamentos, e, na simplicidade de seu coração, veio o pensamento de que se ao menos tocasse na roupa dele, seria curada. E foi exatamente isso que aconteceu.

Esse é precisamente o meu grande anseio nas Missas do Clube da Evangelização da Canção Nova, por isso relato os testemunhos de pessoas que alcançaram milagres, para provocar no coração dos fiéis um aumento da fé, para que eles acreditem que Jesus pode todas as coisas, que Ele é o Deus do impossível e, principalmente: tudo é possível para quem tem fé. A fé provoca os milagres, gera a expectativa, a esperança da ação poderosa de Deus.

Aquela mulher com hemorragia, que nos narra o Evangelho, deu o passo na fé, como corrobora a palavra: "Imediatamente a hemorragia estancou, e a mulher sentiu dentro de si que estava curada" (Mc 5,29). O sofrimento experimentado durante doze anos acabou a partir de uma atitude de fé, de um passo na fé, pois "a fé é a certeza daquilo que ainda se espera, a demonstração de realidades que ainda não se vêem" (Hb 11,1).

Hoje em dia esses milagres ainda acontecem. Gostaria de relatar dois testemunhos que podem aumentar a sua fé e fazê-lo tomar a decisão de deixar o Espírito Santo reavivá-la, sobremaneira, na perspectiva de que através do clamor pelos milagres sua fé te ajude a experimentá-los.

TESTEMUNHO:

> Fui pregar um encontro em Vitória da Conquista, na Bahia, e numa oração o Senhor me revelou que estava curando uma mulher com hemorragias há muitos dias, e, por estar fraca, não tinha ido ao encontro, mas ouvia pela rádio em casa. A mãe da jovem me procurou depois desse momento de oração e relatou-me que sua filha tinha ligado, dizendo que assumira a cura, porém, ainda estava com hemorragia e febre. No dia seguinte, à noite, na adoração, a jovem veio pessoalmente testemunhar para mim, porém, a hemorragia ainda se mantinha. Fiquei admirado com a fé daquela jovem, e tive certeza de que a fé geraria a cura que ela tinha assumido.

> Passados uns dias, já em Cachoeira Paulista, onde moro, recebi o testemunho completo dessa mulher de fé. Na semana posterior, a hemorragia estancou, porém, o médico já havia marcado a cirurgia que tiraria o mioma do seu útero, porque era ele que provocava as hemorragias constantes. Ela disse ao médico que já não precisava da cirurgia porque Jesus a havia curado, mas ele insistiu, mantendo a decisão de operá-la. Ela aceitou a orientação médica, mas trazia muito forte em seu interior a certeza da cura, e, na mesa de cirurgia, como ela própria testemunha com alegria, o mioma foi expelido inteiro na frente do médico, antes mesmo da realização do ato cirúrgico – ela dizia com um bom "baianês" – "eu pari o mioma para que o médico entendesse que a cura tinha acontecido". Ela tomou posse pela fé e viu com os próprios olhos a graça de Deus acontecer. Retornando àquela cidade, pude encontrar-me muito rapidamente com essa mulher. Ela veio testemunhar que o milagre havia sido completo, pois estava grávida e muito feliz. Dei um forte abraço nela, abençoei o bebê e saí louvando e glorificando a Deus pela obra completa que o Senhor fez naquela mulher de fé.

Precisamos crer e não duvidar, e, claro, nos submeter à avaliação médica para a comprovação do milagre, da graça de Deus, assim como essa nossa irmã fez.

Outro testemunho interessante é o que está relatado abaixo, e espero que sirva para aumentar a sua fé:

Uma vez eu estava pregando um encontro de oração na Casa de Evangelização da Canção Nova, em Curitiba, no Paraná. Durante todo o dia de sábado, trabalhei com aquele povo maravilhoso a experiência de fé, e do que o Senhor é capaz de fazer em nós quando cremos, quando damos passos de fé, quando nos abandonamos nos braços do Pai. No fim da Santa Missa, no início da noite, ao descer do altar, muitas pessoas vieram me cumprimentar, tirar foto, entregar pedidos de oração, e ao me virar para atender uma pessoa acabei acertando um tapa no ouvido de uma senhora que reclamou, dizendo que aquele ouvido era surdo. Virei-me para ela e, olhando nos seus olhos, disse-lhe para tomar posse do milagre, pois aquele tapa era para que Jesus a curasse da surdez. Ela deve ter achado que eu havia ficado louco, porém, como a mulher do fluxo de sangue, ela acreditou na palavra de benção, na palavra de milagre liberada sobre ela naquele momento, e da qual ela não percebeu o milagre, que também foi instantâneo, só o percebendo quando chegou em casa – estava ouvindo perfeitamente do ouvido que há muitos e muitos anos estava surdo. No domingo, ela me procurou para dar o testemunho e celebrar as maravilhas de Deus. Aleluia! Glória a Deus por essa maravilha! Fiquei muito impressionado com a ação de Deus na vida desta filha amada do Senhor, e toda essa ação aconteceu por causa da fé que ela havia depositado em Jesus.

Quem a curou foi Jesus, e não o meu tapa, mas o Senhor só pôde fazer o milagre mediante a fé que aquela mulher alimentou no coração, que é esperança daquilo que ainda não se vê. Deus age desta maneira, opera na vida dos seus filhos assim, na simplicidade, porque o Senhor é concreto e simples.

Algo muito importante precisa ficar claro para todos nós. A nossa confiança não pode estar nos homens, que são apenas instrumentos usados por Deus. Quem faz realmente o milagre acontecer é Jesus. Muitas pessoas não são curadas e não recebem os milagres de Deus porque confiaram somente nos homens, deixando de depositar a fé no autor dos milagres: o Senhor Jesus!

Tenho visto pessoas colocarem a confiança em homens e se decepcionarem – pessoas que acreditam que só serão curadas com a oração do Monsenhor Jonas Abib; pessoas que participam dos acampamentos na Canção Nova, onde assistem à pregação de grandes homens de Deus, e esperam durante todo o período do acampamento serem atendidas pelo pregador, ministro ou ministra de Deus, e se isso não ocorre, voltam para casa frustradas. Tais pessoas perderam a oportunidade de experimentar o milagre por terem esperado a graça de homens, e não perceberam que quem poderia fazer o milagre estava 24 horas disponível para elas no acampamento; ou seja, fixaram suas expectativas nos ministros de Deus, e Jesus ficou de lado. Não está em mim a resposta, não sou eu – Pe. Roger Luis – que curo ninguém, mas sim Jesus. Na Missa do Clube é assim, nas missões em que vou é assim, eu só peço a Jesus que cure o seu povo e Ele faz grandes milagres pela fé daquele povo. A fé tem que estar no Senhor e não no Pe. Roger Luis ou em qualquer outro homem ou mulher de Deus. Confesso a você que a única coisa que fazemos é orar com fé e ter expectativa no coração de que Deus operará na vida do povo que espera com fé.

Foi isso que aquela mulher com o fluxo de sangue viveu, aproximou-se de Jesus com fé e foi imediatamente curada. Ela só tinha ouvido falar de Jesus, e você, já ouviu falar de Jesus? É Ele que pode realizar o milagre em sua vida pela força de sua fé depositada no Deus do impossível.

O Evangelho afirma que "Jesus logo percebeu que uma força tinha saído dele e, voltando-se para a multidão, perguntou: 'Quem tocou na minha roupa?'" (Mc 5,30). Os discípulos não entenderam nada, acharam que Jesus estava blefando, pois uma grande multidão os comprimia e o Mestre estava perguntando quem o tocou. Ele só poderia estar brincando com eles ou querendo dar algum daqueles seus ensinamentos que, às vezes, não compreendiam muito.

Todavia, o que Jesus quis dizer é que alguém tinha tocado nele de uma forma diferente, alguém o tinha tocado com fé, e uma força de milagres saiu do Senhor. Será que temos tocado em Jesus com fé na oração, ou estamos nos acostumando com a presença do Senhor na nossa vida? O nosso relacionamento com Ele está ficando rotineiro, naturalizado, como aconteceu com muitos daquelas multidões que o acompanhavam, sem expectativa, sem experiência sobrenatural? Será que somos simplesmente observadores das ações poderosas do Senhor, apenas "jornalistas" que noticiam o que Ele fez, mas não experimentamos o seu poder e o seu milagre? Naquela multidão só houve um milagre, o daquela mulher que tocou em Jesus com fé; pelo menos foi a única situação narrada neste contexto. "A mulher, tremendo de medo ao saber o que lhe havia acontecido, veio, caiu-lhe aos pés e contou toda a verdade. Jesus então disse à mulher: 'Filha, a tua fé te salvou. Vai em paz e fica livre da tua doença'" (Mc 5,33-34). Jesus, nesta afirmação, dá toda a receita para que experimentemos o milagre – "a tua fé te salvou". Por isso, precisamos crescer em fé, não uma fé em pessoas, em coisas, em objetos, porque hoje o mundo acredita em tudo – acredita em pirâmide, amuletos, astrologia, horóscopos, árvores, pedras, mapa astral e tantas coisas mais que eu poderia citar aqui –, mas não acredita no essencial: no Autor dos milagres, no Salvador; não acredita em Jesus, o único Salvador e Redentor, o único que pode fazer milagres.

Quero partilhar um outro testemunho para que, mais uma vez, a sua fé seja reavivada e você possa também acreditar que, ao clamar pelos milagres com fé, eles acontecerão.

TESTEMUNHO:

Recebi o testemunho de um homem que tinha o seu braço atrofiado, não podendo erguê-lo em hipótese alguma.

Sentia muitas dores, era algo irreversível; segundo os médicos, morreria daquele jeito, não tinha retorno. Numa das Missas de quarta-feira, do Clube da Evangelização, esse homem acompanhava com muita fé e devoção a Santa Missa, e na adoração (eu estava conduzindo), o Senhor deu-me uma palavra dizendo para uma pessoa que tinha um grave problema no seu braço que o levantasse, pois Jesus o estava curando. Ele relatou que, na mesma hora, levantou, deu o passo pela fé, contudo, sentiu uma dor muito grande, muito forte, e então abaixou o braço. Este senhor testemunhou que, naquele exato momento, eu disse de novo: "não abaixe o braço, o seu milagre chegou, levanta o seu braço, pois é Jesus quem está lhe curando". Então, mais uma vez, ele levantou os braços e imediatamente o milagre aconteceu, seu braço foi curado pelo poder de Jesus. O braço voltou ao normal, sem nenhum tipo de dor, sem sequelas, permitindo-o retornar às atividades que tinha deixado pela enfermidade que estava naquele braço. Assim posto, eu posso dizer a esse homem, como o próprio Jesus disse à mulher que tinha a hemorragia: "Meu filho, a tua fé te salvou".

Eis que é chegada a hora de os cristãos, os católicos crescerem em fé, darem passos concretos na fé, não duvidarem como o mundo quer nos levar a duvidar e a questionar o Nosso Deus. Dê esse passo, volte a acreditar que Jesus pode todas as coisas, que Ele é um Deus de milagres e pode fazer o impossível na sua vida.

VAMOS ORAR:

Senhor Jesus, nos colocamos diante da tua maravilhosa presença nesta hora, acreditando que és o Senhor e Salvador enviado pelo Pai a nós. Acreditamos em milagres, Senhor, acreditamos que tu és o Deus de Milagres. Sabemos que trazemos em nós, pelo Santo Batismo, o dom da fé, mas precisamos, neste momento, que esse dom seja reavidado em nós. Pedimos, Senhor Jesus, que – na força do teu Santo Espírito – a nossa fé aumente. Queremos ter fé como aquela mulher do fluxo de sangue, ao acreditar que, se ao menos tocasse na orla do teu manto, seria curada; nós queremos crer dessa mesma maneira, de que se ao menos tocarmos na orla do teu manto seremos curados. Senhor, retira-nos da rotina e da naturalização da tua presença, queremos mergulhar no sobrenatural, queremos caminhar no sobrenatural e experimentar na nossa vida o teu poder de operar milagres. Aumenta a nossa fé, Senhor Jesus, retira-nos de todo e qualquer tipo de incredulidade, queremos te ver e te experimentar em nossa vida. Queremos tocar-te, Senhor, mesmo que seja na orla de teu manto, precisamos te experimentar. Dá-nos uma fé viva, que gera milagres, ensina-nos a termos a certeza daquilo que ainda esperamos. Queremos acreditar nas realidades que não vemos, queremos acreditar no sobrenatural, queremos acreditar em ti, Senhor Jesus, na tua força e no teu poder. Vem, Espírito Santo, e renova, em nós a graça da fé! Vem, Espírito Santo, e faz, nas nossas vidas, uma obra nova! Dá-nos uma vida cheia de fé e de milagres. Amém. Aleluia!

Só Deus Opera Milagres

No capítulo anterior, refletimos de uma forma clara sobre o caminho de fé que precisamos percorrer, para experimentarmos os milagres que o próprio Senhor quer realizar em nossas vidas. Fica evidente, diante do Evangelho e de toda a Escritura Sagrada, que a nossa fé precisa estar em Deus, que a nossa fé é em Jesus Cristo, o nosso Redentor e Salvador, o nosso Deus que se encarnou e veio armar a sua tenda no meio de nós.

Ao partilhar um pouco sobre a questão das crenças do tempo em que vivemos, poderemos constatar que estamos num mundo que acredita em tudo – em duendes, em mágicos, em bruxinhos e bruxinhas, em horóscopo, em pedras, em amuletos, nos astros, em passes, em tratamentos espirituais, em todo tipo de ocultismo, e em tantas coisas mais e isso desvela por que nosso povo tem estado tão doente da alma e por que o mundo está enfermo.

Muitas pessoas estão vivendo uma cegueira espiritual muito grande, deixando a fé para acreditar em coisas, em homens, em enganadores. Nesse sentido, Deus falava aos sacerdotes pela boca do profeta Oséias: "Meu povo está se acabando por falta do conhecimento" (Os 4,6).

O profeta nos faz este alerta, levando-nos, então, a questionar: de que conhecimento o profeta está nos falando? De fato, adentramos num momento epistemológico que exige a busca do conhecimento, o qual chega aos indivíduos através das mais variadas maneiras, como, por exemplo, pelos livros (que se multiplicam por meio do trabalho ativo das editoras), pelas universidades, pelo acesso à Internet, aos jornais e revistas; bem como pela mídia televisiva e radiofônica que alcança milhares de pessoas, levando o conhecimento ao povo em geral. Posto isso, pergunto, mais uma vez: de que conhecimento o profeta diz que o povo está se acabando por falta dele?

Não exito em afirmar para você: o conhecimento ao qual o profeta se refere é o conhecimento da verdade, como Jesus afirma com muita autoridade: "Se permanecerdes em minha palavra, sereis verdadeiramente meus discípulos, e conhecereis a verdade, e a verdade vos tornará livres" (Jo 8,31-32).

O convite é ao conhecimento da verdade, mas o que é a verdade? O próprio Jesus vai nos conduzir ao conhecimento do que é essa verdade: "Jesus respondeu: Eu sou o caminho, a verdade e a vida. Ninguém vai ao Pai senão por mim" (Jo 14,6). Esse texto do Evangelho nos mostra que a verdade não é um conceito, nem uma ideia, e sim uma pessoa concreta e real, a verdade é JESUS!

Algo muito importante que precisamos entender é o conceito bíblico de conhecimento. Conhecer, na Bíblia, não está vinculado ao que entendemos de conhecimento no Ocidente. O conhecer bíblico significa fazer uma experiência. Conhecer, portanto, significa experimentar. Poderíamos, nesse contexto, repetir a palavra de Jesus da seguinte maneira: "e experimentareis a verdade, e a verdade vos tornará livres".

Existem muitos católicos que, nos tempos atuais, estão buscando a cura, o milagre, fora da Igreja, recorrendo a amuletos, passes, fazendo simpatias, oferendas a entidades demoníacas, por meio de homens e mulheres que os mandam fazê-los em esquinas, rios e mares; outrossim, observamos católicos que recorrem a cirurgias espirituais, a controle da mente, que ficam debaixo de pirâmides recebendo energia, que recorrem a esoterismos e a tantos outros rituais que não condizem com a nossa fé. Tudo porque não fizeram uma experiência com a verdade.

A palavra nos conduz à verdade. Já no Antigo Testamento Deus é bem claro com o seu povo:

> Não haja em teu meio quem faça passar pelo fogo o filho ou a filha, nem quem consulte adivinhos, ou observe sonhos ou agouros, nem quem use da feitiçaria; nem quem recorra à magia, consulte oráculos, interrogue

> espíritos ou evoque os mortos. Pois o Senhor abomina quem se entrega a tais práticas (Dt 18,10-12).

É muito interessante percebermos o quanto Deus é incisivo com seu povo no que se refere a essas práticas, pois são práticas de idolatria. Portanto, é mister que não abandonemos Deus – Supremo, Poderoso, o único que pode fazer milagres e curar – para recorrer a ídolos e a demônios. Não podemos, em hipótese alguma, recorrer a essas fontes.

Entendo perfeitamente que os nossos antepassados, avós, bisavós, tataravós, muitas vezes fizeram uso de tudo isso por ignorância, por falta de conhecimento. Eles recorriam a esse tipo de auxílio por não terem feito uma experiência com a verdade, porém, não podemos continuar no erro. Temos que caminhar de uma forma profética, rompendo com esse tipo de recurso, de idolatria, voltando-nos inteiramente para o Senhor nosso Deus, o Verdadeiro, o Soberano, o Criador, Aquele que é Santo. Não há outro, só o Senhor é Deus.

O Catecismo da Igreja Católica nos traz a iluminação para entendermos o que foi mencionado acima:

> Todas as formas de adivinhação hão de ser rejeitadas: recurso a satanás ou aos demônios, evocação dos mortos ou outras práticas que erroneamente se supõem descobrir o futuro. A consulta aos horóscopos, a astrologia, a quiromancia, a interpretação de presságios e da sorte, os fenômenos de visão, o recurso a médiuns

> escondem uma vontade de poder sobre o tempo e sobre a história e, finalmente, sobre os homens, ao mesmo tempo que um desejo de ganhar para si os poderes ocultos. Essas práticas contradizem a honra e o respeito que, unidos ao amoroso temor, devemos exclusivamente a Deus. Todas as práticas de magia ou de feitiçaria com as quais a pessoa pretende domesticar os poderes ocultos, para colocá-los a seu serviço e obter um poder sobrenatural sobre o próximo – mesmo que seja para proporcionar a este saúde –, são gravemente contrárias à virtude da religião. Essas práticas são ainda mais condenáveis quando acompanhadas de uma intenção de prejudicar a outrem, ou quando recorrem ou não à intervenção dos demônios. O uso de amuletos também é repreensível. O espiritismo implica frequentemente práticas de adivinhação ou de magia. Por isso a Igreja adverte os fiéis a evitá-lo. O recurso aos assim chamados remédios tradicionais não legitima nem a invocação dos poderes maléficos nem a exploração da credulidade alheia (CIC 2116 e 2117).

Quis trazer, para a nossa reflexão, a Palavra de Deus que nos esclarece muito sobre tudo isso que precisamos deixar de lado; e trouxe também a palavra do Magistério da Igreja, apresentada de uma forma tão evidente nas palavras do Catecismo da Igreja. Não são palavras minhas, e sim da própria Igreja e do próprio Senhor pela Escritura Sagrada.

Precisamos abrir nosso coração para experimentarmos a total libertação e, principalmente, fazermos a experiência com o Senhor, que nos liberta, nos salva e nos dá a graça e a oportunidade de clamarmos pelos milagres que só Ele pode realizar em nós. Pelo conhecimento da Verdade somos libertos, e, por isso, não podemos mais caminhar na mentira e permanecer no erro.

Nos tempos atuais, existem muitas literaturas escritas que confundem a cabeça dos cristãos, especialmente dos católicos. Por viajar muito em missão, passo por vários aeroportos do Brasil e do mundo afora e vejo quantas pessoas estão apegadas a livros mentirosos, quantas pessoas buscam literaturas que confundem a fé, falam mal da Igreja e do Senhor da Igreja. Quando um autor escreve que os evangelhos apócrifos dizem algo contrário à sã doutrina da salvação, as pessoas deixam de acreditar no Evangelho de Jesus Cristo para acreditarem naquilo que não reflete a verdade da fé. E isso é só um exemplo do que tem acontecido.

Neste contexto, ainda, observamos indivíduos fracos na fé, dados às mentiras, seduzidos por inverdades; bem como nos deparamos com católicos que já leram o evangelho ditado por espíritos e que nunca leram Mateus, Marcos, Lucas e João. Por exemplo, quantos católicos, no Brasil e no mundo, influenciados por um certo autor esotérico, acabam se entusiasmando pelo esoterismo, deixando, dessa forma, de experimentar a verdadeira espiritualidade dos caminhos de São Tiago de Compostela e se apegando a um esoterismo ilusório, mentiroso, porque, em seus livros, tal autor indica um caminho esotérico para experimentar a "energia" daquele lugar. O pior de tudo isso é que eles nem sabem quem foi São Tiago e o que ele fez ou deixou de fazer, e vão em busca de um misticismo idolátrico, muito distante da mística proposta pela Igreja. De uma coisa temos que ter certeza, Tiago foi apóstolo, e não um mago.

São Paulo diz na Carta aos Gálatas:

> Admiro-me de que tão depressa, abandonando aquele que vos chamou na graça de Cristo, tenhais passado a outro evangelho. Não que haja outro, mas acontece que algumas pessoas vos estão perturbando e querem corromper o evangelho de Cristo. Pois bem, mesmo que nós ou um anjo vindo do céu vos pregasse um evangelho diferente daquele que vos pregamos, seja excluído (Gl 1,6-8).

Às vezes, surpreendo-me pensando nos nossos jovens, nos adolescentes e nas crianças que têm se contaminado com essa idolatria de bruxaria, recorrendo aos livros de um certo bruxinho aparentemente inofensivo que acabou chegando até as telas dos cinemas e tem "hipnotizado" a tantos que ficam diante do livro ou da tela como se estivessem em êxtase. Jovens e crianças que nunca leram a Bíblia inteira, nem o Catecismo da Igreja, e, no entanto, já leram as milhares de páginas do livro do bruxinho. Nem querem mais a Bíblia, a Eucaristia, as coisas santas, mas querem caldeirões, varinhas e rituais de bruxaria para serem como o seu idolozinho, que começou criança, virou adolescente e agora já é jovem. É uma geração inteira sendo formada nesta mentalidade. Quanta contaminação na vida dos nossos jovens. Muitos pais acham que não tem nada a ver, que tudo isso é inofensivo, e não percebem que seus filhos estão sendo iniciados em rituais de bruxaria. Preciso afirmar para você, lendo agora essas páginas, que não se trata de radicalismo; o que me motiva a dizer isso é o desejo de que os nossos filhos possam conhecer a verdade e serem libertos da enganação. Ademais, preciso ser fiel à Palavra de Deus, por isso, repito agora o que já citei anteriormente neste texto, para dar ênfase à mensagem aqui transmitida:

> Não haja em teu meio quem faça passar pelo fogo o filho ou a filha, nem quem consulte adivinhos, ou observe sonhos ou agouros, nem quem use da feitiçaria; nem quem recorra à magia, consulte oráculos, interrogue espíritos ou evoque os mortos. Pois o Senhor abomina quem se entrega a tais práticas. (Dt 18,10-12)

Milhares de pessoas têm se perdido neste caminho enganador, e não podemos mais permitir isso. A verdade de Deus revelada pela Palavra precisa libertar e trazer a cura, a salvação; não podemos mais permitir que nossas crianças, adolescentes, jovens, famílias sejam vítimas dessa enganação, é hora de libertação. É hora de caminharmos na verdade, é hora de viver de uma forma profética, rompendo com tudo isso.

São Paulo já dizia a Timóteo sobre essas realidades que a sociedade atual vive: “O Espírito diz claramente que, nos últimos tempos, alguns renegarão a fé e se apegarão a embusteiros e a doutrinas diabólicas, deixando se iludir por pessoas falsas e mentirosas, com a consciência marcada por ferro em brasa” (1Tm 4,1-2). O que vivemos, hoje, ainda é pouco para o que está por vir, por isso, precisamos tomar a decisão de ficar com Deus e não ir atrás desse tipo de prática e crença. Muitos filmes ainda virão para confundir os cristãos, muitas literaturas, muitos seriados de TV, muitas novelas, músicas, e todos os outros recursos que o inimigo vai utilizar para enganar os filhos de Deus, que são alvos do amor e dos milagres de Jesus.

Preciso, no poder do Espírito e de uma forma profética, fazer com você nesta hora o que Josué fez com o povo de Deus: A quem você quer servir? A Deus ou aos ídolos, aos demônios? Essa decisão é muito pessoal, não posso tomá-la por você, mas proclamo com Josué: “Quanto a mim e à minha família, nós serviremos ao Senhor” (Js 24,15).

Conheci uma pessoa, num certo tempo da minha vida, que acreditava em tudo isso que relatei acima e, principalmente, em cirurgias espirituais. Seu filho estava com uma doença muito grave e ela ficou sabendo que um tal espírito de um médico estava agindo num homem e operando as pessoas. Achou que a solução para a vida do filho estava nas mãos desse demônio disfarçado no espírito deste médico. Realmente, mediante a cirurgia espiritual a enfermidade desapareceu, porém, temporariamente. Nunca podemos esquecer que o diabo é enganador, mentiroso, assassino. Ela voltou muito feliz, crendo naquela mentira. Passados uns meses, aquilo que estava oculto veio à tona e mais violentamente ainda, pois o filho dela não resistiu e faleceu. Toda aquela enganação, aquela mentira, foi desmascarada de uma forma dolorosa, com a perda daquele jovem. O diabo é o enganador por excelência.

O diabo quer a vida das pessoas e sua alma, para que diante das situações de fragilidade tais pessoas se entreguem à mentira, se afastem da verdade e ele possa coordenar aquela vida. Sinceramente, irmãos, a nossa decisão deve ser tão radical pelo Senhor que mesmo não recebendo a cura, o milagre, não precisemos ir atrás de nenhuma dessas coisas. Temos que continuar fiéis ao Senhor, porque Ele tem a salvação, e a palavra é clara: em nenhum outro há salvação, a não ser em Jesus. Não deixe o desespero das tribulações e enfermidade levá-lo a buscar esses lugares onde Deus não está; em Deus há esperança para tudo, em Jesus há salvação, e mesmo que você não veja o milagre aqui, você o verá no céu, por isso eu lhe convido a permanecer fiel ao Senhor até o fim.

Talvez possamos fazer alguns questionamentos. Satanás tem o poder de curar, de fazer milagres? Como isso acontece?

Precisamos lembrar que o nosso inimigo, satanás, é um anjo decaído, e por isso age no sobrenatural, não somente no natural. Satanás realiza falsos milagres; nunca se esqueça que ele é o mentiroso por excelência. São Paulo vai nos alertar quando fala dos fins dos tempos, especificamente sobre a manifestação do anticristo: "Ora, a vinda do Iníquo se dará pela ação de Satanás, com toda a espécie de milagres e sinais e prodígios enganadores, e com todas as seduções da iniquidade para aqueles que estão a se perder, por não terem acolhido o amor da verdade que os teria salvo" (2Ts 2,9-10). Portanto, o enganador simula os milagres. Nesse sentido, quero ressaltar algo importante: satanás é um macaco de imitação de Jesus; somente imita, e tudo o que faz é mentira. Só Jesus cura, só Ele salva e liberta; só Jesus dá vida em abundância; o poder e a autoridade estão em Jesus. Somente o Senhor é digno de adoração; e o desejo do nosso inimigo é que os homens o adorem. Peço a Jesus para que não permita que você caia nesta rede de enganação criada pelo inimigo. Tem certos lugares em que até rezam o Pai-Nosso e a Ave-Maria, mas não proclamam Jesus Cristo como Senhor, considerando-o apenas um espírito de luz que chegou à perfeição.

Como sublinhei acima, satanás é um macaco de imitação. Ele aproveita a fragilidade de uma mãe e de um pai que perdeu um filho e psicografa a letra do menino, escrevendo cartas para os mesmos; até fala na voz daquela pessoa; ele é um macaco de imitação e sua intenção é amarrar a pessoa a ele. Talvez aquele ente querido que morreu nunca tenha escrito uma carta em vida e agora fica mandando cartas do além. Isso não existe, é enganação de satanás e seus servos, os demônios que trabalham com ele. A Palavra de Deus é muito clara, e diz que o inimigo fará *toda a espécie de milagres, sinais e prodígios enganadores*, para iludir os filhos de Deus. Por isso temos de estar atentos e não aceitar isso em nossa vida, sob hipótese alguma. São João vai nos exortar:

> Caríssimos, não acrediteis em qualquer espírito, mas examinai os espíritos para ver se são de Deus, pois muitos falsos profetas vieram ao mundo. Esse é o critério para saber se uma inspiração vem de Deus: de Deus é todo espírito que professa Jesus Cristo que veio na carne. E todo espírito que se recusa a professar Jesus não é de Deus: é do Anticristo. Ouvistes dizer que o Anticristo virá; pois bem, ele já está no mundo. Filhinhos, vós sois de Deus e vencestes aos que são do Anticristo. Pois em vós está quem é maior do que aquele que está no mundo (1Jo 4,1-4).

Talvez muitos cristãos se deixem enganar, acreditando nessas mentiras, porque querem ser igual a todo mundo. Se a moda é ler determinado livro ou recorrer ao esoterismo, às filosofias orientais, ao ocultismo, todo mundo faz a mesma coisa. As pessoas acabam se perdendo, se contaminando, se estragando, e a consequência disso é a perda total de sentido da vida. Não podemos nos contaminar com essas falsas doutrinas, porque São João já traz essa palavra de revelação a nós; é uma palavra profética na qual temos que nos basear para nossa caminhada: "Pois em vós está quem é maior do que aquele que está no mundo". Só Jesus faz os verdadeiros milagres, certamente, Ele é maior e mais poderoso do que o enganador, do que o nosso inimigo; portanto, precisamos estar com Ele, buscá-lo de todo coração, proclamarmos com toda a força do nosso ser: Ele é o Senhor, Jesus Cristo é o meu Senhor e Salvador.

Professando essa verdade, de que Ele é o Senhor, teremos a segurança de estar com Ele na dor, na enfermidade, no sofrimento, nas provações, nos dias ruins. É como os casais dizem um ao outro nas promessas do Matrimônio: "Eu te prometo ser fiel, na alegria e na tristeza, na saúde e na doença, amar-te e respeitar-te, todos os dias da nossa vida". Essa deve ser a nossa declaração de amor a Jesus, ao nosso Deus, de sermos fiéis a Ele todos os dias. Se assim nos comportarmos, mesmo que o milagre que estamos esperando não aconteça da maneira esperada, vamos permanecer fiéis. Não amamos a Jesus e nem o servimos simplesmente porque Ele faz milagres, mas porque Ele é Deus, Senhor, a Verdade, a Vida Plena, a certeza de céu, o Salvador.

No livro do profeta Daniel, no capítulo primeiro, é narrada a atitude de alguns jovens: Daniel, Ananias, Mizael e Azarias decidem por não se contaminarem com a comida do rei Nabucodonosor e se destacam no meio dos outros jovens que comeram a comida. Ficaram mais fortes, mais robustos e mais abertos à graça de Deus. Ficaram 21 dias comendo legumes e bebendo água; costumamos dizer que esse é o jejum de Daniel. O que nos chama a atenção é exatamente a atitude desses jovens. Isso precisa ser a nossa atitude diante do mundo nos tempos atuais; não podemos nos alimentar de "comida contaminada", ou seja, de literaturas contaminadas, de filmes contaminados, de músicas contaminadas, de ocultismo, esoterismo, pois estamos sendo preparados para servir ao Rei dos Reis, Jesus, o Deus do impossível, o Senhor de todas as coisas, aquele que é, era e há de vir. Qual é a sua decisão? Você vai continuar buscando naquilo que é contaminado a solução para os seus problemas, a cura para a sua saúde, o milagre? A decisão é sua!

Já no terceiro capítulo, o rei manda construir uma imagem e ordena que todos no reino a adorem. Os três jovens que tinham estado com Daniel e que não se contaminaram com a comida da mesa do rei não aceitaram a ordem e não se prostraram diante do ídolo. Nabucodonosor, então, chamou-os para interrogá-los e ameaçá-los de colocá-los na fornalha se não adorassem aquele ídolo, e eles com muita firmeza disseram ao rei:

> "Nem precisamos dar resposta a esta ordem. Existe o nosso Deus a quem cultuamos. Ele pode nos livrar da fornalha acesa, salvando-nos da tua mão. Mas mesmo que isso não aconteça, ficai sabendo, ó

> rei, que não vamos prestar culto ao seu deus, nem vamos adorar a estátua de ouro construída por ti, ó rei" (Dn 3,16-18).

Essa deve ser a nossa atitude diante daquilo que nos é oferecido, diante das mentiras de satanás, diante das enganações que estão à nossa disposição: "Mesmo que o nosso Deus não nos livre, ficai sabendo, não vamos prestar culto ao deus do mundo". Decida-se por Deus agora, não deixe para depois, não se intimide. Jogue fora tudo aquilo que você sabe que não traz a mensagem de Deus, mas sim a idolatria, a mentira, a enganação, a contaminação para a sua vida, que estão sendo barreira para que o milagre aconteça. Decida-se pela benção, pela presença do Senhor, pela verdade.

Os jovens foram jogados na fornalha e Deus lhes deu o livramento; por conseguinte, a atitude deles e a própria intervenção de Deus em suas vidas levou o rei à conversão. Ele mudou o discurso e baixou um decreto que incorreria em pena de morte àquele que blasfemasse contra o Deus daqueles três jovens, "pois não existe deus capaz de salvar igual a este" (Dn 3,96). A conversão ao Deus verdadeiro foi tão forte, a libertação do coração daquele rei foi tão maravilhosa, que ele escreve ao seu povo dizendo:

> "Muitas felicidades a todos! Tantas coisas significativas e maravilhosas fez comigo o Deus Altíssimo, que me

> pareceu bem publicá-las. Como são grandiosos os seus sinais, quanta força em seus milagres! Seu império é eterno, e a sua autoridade atravessa as gerações [...]" (Dn 3,98-100).

A fidelidade daqueles jovens gerou a conversão do rei ao Deus Altíssimo e verdadeiro, assim como a nossa fidelidade vai gerar a conversão de tantos irmãos que estão na mentira e sendo enganados. Deus está nos fazendo esse desafio: se formos fiéis a Ele, os nossos irmãos que estão no erro serão transformados, nossos amigos que estão na mentira voltarão para a verdade, e todos proclamarão como Nabucodonosor: "Como são grandiosos seus sinais, quanta força em seus milagres! Seu império é eterno, e a sua autoridade atravessa as gerações". Somos convidados a viver de uma forma profética, como aqueles três jovens; uma profecia tão forte que gera a conversão, a libertação e a cura.

Há muita força nos milagres de Deus. Precisamos crer nisso e nunca desistir de clamar pelas graças que precisamos experimentar, e afirmarmos: "Mesmo que o Senhor não faça aquilo que eu estou esperando, eu vou permanecer fiel a ti, Senhor, até o fim".

O profeta Jeremias fala da infidelidade de Israel que abandonou o Senhor, o Deus verdadeiro, para buscar outros deuses, falsos deuses:

> se as nações mudaram seus deuses – esses nem deuses são! O meu povo, porém, trocou o que é sua glória por coisa que não traz proveito. O céu fica pasmado, tomado de grande susto – oráculo do Senhor. Duplo crime cometeu o meu povo: abandonou-me a mim, fonte de água viva, e para si preferiu cavar cisternas, cisternas defeituosas que não retêm a água (Jr 2,11-13).

Devemos prestar atenção nesta profecia de Jeremias, que é muito forte, para que ela nos leve a uma decisão radical de romper com qualquer realidade espiritual que tenhamos recorrido e que tenha nos afastado de Deus. Talvez, tenhamos trocado a glória de Deus, que sempre quer acompanhar o povo dele, assim como os acompanhou no deserto, mas também acompanha aqueles que oram, que estão na palavra, e se decidem a caminhar com Ele. Contudo, a glória de Deus se afasta daqueles que fazem a opção de deixar o Deus verdadeiro para buscar falsos deuses, ídolos, espíritos imundos, demônios. Todo aquele que evoca espíritos, que recorre à magia, à bruxaria, a sortilégios, a mapas astrais, a simpatias, ao ocultismo, à prática de esoterismo etc., não tem a glória de Deus sobre si, mas atrai aquilo que é do mal.

A profecia diz que o céu fica pasmado, tomado de grande susto com tudo isso, porque o Senhor fez o homem para a felicidade, para a vida plena, para o que é Santo, e não para o inferno, para o vazio, para o mal. Só Jesus pode dar vida plena e realizar em nós a vontade do Pai.

Por que o céu está pasmado e tomado de grande susto? A própria palavra profética nos dá a resposta: "abandonou-me a mim, fonte de água viva, e para si preferiu cavar cisternas, cisternas defeituosas que não retêm a água". Realmente o céu fica pasmado e tomado de susto porque muitos de nós têm abandonado Deus, fonte de água viva, o único que sacia a sede da nossa alma. Sei que muitos buscam fora de Deus porque a alma está sedenta, e acabam dando passos errados. Na verdade, fora do Senhor, a Palavra nos mostra que a cisterna é defeituosa, que não retém água, ou seja, é vazia. Não podemos mais fazer a opção pelo vazio, pela ausência da glória de Deus. É hora de aderirmos a Deus de todo o nosso coração, de toda a nossa alma e com toda a força da nossa vida. Só Ele pode nos preencher, nos saciar; e o milagre de Deus está na manifestação da sua glória. Decida-se, hoje, por Deus. Se você se sente vazio, busque em Deus o preenchimento, apenas Ele pode realizar isso e fazer os verdadeiros milagres acontecerem.

TESTEMUNHO:

Sempre quando acordo e me preparo para sair, peço algo muito simples a Deus, e nesses dias tenho certeza de que o Senhor me ouve nesta oração. Peço a Deus que Ele olhe pelos meus olhos, que Ele sorria pelo meu sorriso, que Ele abrace pelo meu abraço, que Ele caminhe pelas minhas pernas. Uma mulher deixou um testemunho

> para mim de que num acampamento que teve aqui em Cachoeira Paulista, ela tinha vindo para buscar a sua libertação de todas essas coisas que foram citadas acima. Estava envolvida com espiritismo, com oferendas, com enganações, com magias e sortilégios, e se sentia muito oprimida há muitos anos. Ela me viu passar, de longe, e gritou pelo meu nome. Essa senhora afirmou que quando eu olhei-a nos olhos, mesmo de longe, imediatamente, foi liberta de toda opressão que sentia e, de fato, conseguiu se libertar das falsas doutrinas vividas até aquele dia, sentindo-se totalmente preenchida pela glória de Deus. Depois fez a oração de renúncia, mas o ponto forte da sua libertação foi o olhar de Jesus no meu olhar. Eu só pude dar glória a Deus por esse testemunho e ver o quanto o Senhor trabalha em favor daqueles que querem viver na verdade.

Se você se deixou levar por essas realidades, quero convidá-lo no dia de hoje, nesta hora, a renunciar a essas práticas, a tudo aquilo de que tenha feito uso: adivinhos, agouros, simpatias, feitiçaria, magia, oráculos, sortilégios, evocação de mortos, de espíritos, de mapa astral, de oferendas a espíritos, de bruxarias etc. É preciso ter coragem de ser somente do Senhor, de acreditar que Ele é Deus e que só Ele pode todas as coisas. Deixe Jesus olhar nos teus olhos nesta hora e tome a decisão de renunciar a toda mentira de satanás na sua vida.

ORAÇÃO:

Em nome de Jesus e no poder do seu Sangue precioso, eu (diga seu nome completo) *renuncio a toda enganação que tenha vivido até o dia de hoje. Renuncio à evocação dos mortos, a consultas espirituais, às cirurgias espirituais. Renuncio, em nome de Jesus e no poder do seu Sangue precioso, à feitiçaria, à magia, à adivinhação, à bruxaria e a todo e qualquer tipo de simpatia e de agouros da qual eu tenha feito uso. Renuncio, em nome de Jesus e no poder do seu Sangue redentor, às mentiras de satanás. Renuncio, em nome de Jesus e na força do seu Sangue redentor, a evocação de espírito de qualquer linha que seja, a todo ocultismo, esoterismo e consultas a espíritos. Renuncio, em nome de Jesus e no poder do seu Sangue redentor, a toda contaminação adquirida pela leitura de livros, e a todos os filmes e músicas contaminadas que acabei fazendo uso e a todos os sites contaminados que visitei. Nesta hora, renuncio a toda contaminação e julgo hereditário que eu tenha adquirido por pactos, consagrações, invocações, maldições vividas por meus antepassados e que chegaram até mim. Renuncio, em nome de Jesus e no poder do seu Sangue redentor, à necromancia, à quiromancia, ao uso de horóscopos. Renuncio, em nome de Jesus e no poder do seu Sangue redentor, a todo trabalho, vodu e feitiçaria lançados sobre mim e a minha família. Renuncio, em nome de*

Jesus e no poder de seu Sangue redentor, a todo passe, bebida e comida consagradas que eu tenha feito uso consciente ou inconscientemente. Quebro, em nome de Jesus e no poder do seu Sangue redentor, todo pacto e compromissos com os demônios, feitos por mim ou por meus familiares. Assumo, nesta hora, o Senhorio de Jesus na minha vida. Jesus é o meu Senhor, é o Senhor da minha vida e da minha família. Hoje, eu proclamo com toda força do meu ser: eu e a minha casa serviremos ao Senhor! Sou livre em nome de Jesus. Amém!

Encontrar-se com Jesus, Outro Passo Importante para o Milagre

No mundo em que vivemos é necessário que tenhamos uma experiência pessoal com Jesus. Se lermos os quatro Evangelhos, veremos narrados nestes textos e perícopes encontros marcantes que pessoas tiveram com Jesus, ou seja, em que experimentaram o Senhor e tiveram suas vidas transformadas.

No Evangelho de Lucas (19,1-10) nos deparamos com um relato emocionante sobre um homem de baixa estatura de nome Zaqueu que ouve falar de Jesus e quer vê-lo de qualquer maneira. Sabendo que o Senhor vinha sempre rodeado de muitas pessoas, por ser "baixinho", resolve subir numa árvore para vê-lo passar ali na sua cidade, em Jericó. Esse homem só queria ver Jesus, mas acaba sendo visto por Ele. Zaqueu chama a atenção de Jesus.

O que temos feito para chamar a atenção de Jesus?

Na vida cotidiana, muitas pessoas querem chamar a atenção, como, por exemplo: usando roupas da moda, tatuagens, *piercings*; fazendo-se de coitadinhas, para despertar piedade; vivendo uma vida vulgar; malhando para ficar musculosas e colocar os músculos à mostra; outros, ainda, fazendo uso de drogas e álcool; enfim, de tantas outras maneiras. E, portanto, os sujeitos acabam ficando vazios e vivendo uma vida sem sentido.

Não foi através de nenhum desses modos, citados acima, que Zaqueu chamou a atenção de Jesus. Foi a sua atitude, o desejo do seu coração de pelo menos ver o Senhor que chamou a atenção de Deus e despertou o coração de Jesus para ele.

Chamamos a atenção de Jesus pelos nossos sacrifícios, pelas nossas orações, pela sinceridade do nosso coração, pela nossa decisão por Ele, pela nossa perseverança etc. Isso tudo atrai o olhar de Nosso Senhor para nós, para a nossa realidade. Sempre que motivo o povo à oração, em algum encontro ou nas missas, conclamo as pessoas a orarem e insistirem na oração, para atrair a atenção de Deus para nós, para o nosso clamor.

Voltando a Zaqueu, vamos ver qual foi a atitude de Jesus ao encontrar-se com ele: "Jesus chegou ao lugar, olhou para cima e disse: 'Zaqueu, desce depressa! Hoje eu devo ficar na tua casa'" (Lc 19,5). Dá para imaginar qual não dever ter sido a reação interior que ele teve: "Nossa, Jesus me viu aqui, Ele quer ir à minha casa, o que eu faço agora? Chamo ou não os meus amigos? Convido todos os meus familiares para estarem lá com Jesus?" Isso não era tão importante, o que importava era que o Senhor queria entrar na casa dele.

Ele recebeu Jesus com muita alegria na sua casa. Se verificarmos o texto a fundo, veremos, a princípio, que Jesus não disse nenhuma palavra a Zaqueu, pelo menos o Evangelho não contempla nenhum diálogo entre eles, mas narra somente os questionamentos das pessoas que estavam à volta e criticavam a postura de Jesus de entrar na casa de um pecador público. Na verdade, algo acontece com aquele homem de baixa estatura, e talvez no momento mais importante da vida de Zaqueu ele se dirige a Jesus e diz: "Senhor, a metade dos meus bens darei aos pobres, e se prejudiquei alguém, vou devolver quatro vezes mais" (Lc 19,8).

Vejam que grande milagre; o milagre do encontro pessoal com Jesus, o milagre da mudança de vida. Zaqueu experimentou a Verdade, experimentou Jesus. Essa experiência abriu seus olhos e seu coração e provocou uma linda mudança, uma conversão, a partir do conhecimento de Jesus. E o mais impressionante é que Jesus não pediu nada a Zaqueu. Ele não exigiu nada, apenas se fez presente naquela casa.

No dia de hoje, você, como Zaqueu, pode conhecer Jesus, pode fazer uma experiência com Ele e ter sua vida mudada, transformada e experimentar a verdade que liberta e cura, que realiza o milagre. Convide Jesus para entrar no seu coração; não tenha medo do que Ele pode fazer em você; deixe o Senhor mudar o rumo da sua vida para sempre e fecundar a alegria verdadeira; deixe-o dar sentido à sua vida. Convide Jesus para entrar na sua casa e transformar os seus; Ele quer fazer o milagre, o milagre da transformação da sua vida!

Essas foram as palavras de Jesus a Zaqueu, e essas são as palavras de Jesus a mim e a você que nos decidimos por conhecê-lo, por experimentá-lo: "Hoje aconteceu a salvação para esta casa, porque também este é um filho de Abraão. Com efeito o Filho do Homem veio procurar e salvar o que estava perdido" (Lc 19,9-10).

Não sei qual é a situação que você vive, ou se você tem caminhado em pecados, numa vida desviada do projeto e do sonho de Deus. Não importa o passado, pois se queremos experimentar Jesus, Ele mesmo lavará o nosso passado e nos libertará do nosso pecado. Mas é necessário fazer a mesma experiência de Zaqueu, isto é, encontrar-se pessoalmente com Jesus e deixá-lo mudar totalmente, porque "o Filho do Homem veio procurar e salvar o que estava perdido".

O encontro pessoal com o Senhor é de fundamental importância para nos abrirmos aos milagres do Senhor. Sempre questiono diante de tantos testemunhos de milagres que recebo todos os dias – milagres esses que acontecem nas Missas do Clube da Evangelização, nos encontros em que vou pregar, como também, nos eventos e programas da Canção

Nova –, e meu anseio, meu Deus, é que a obra seja completa, pois de nada adianta a cura do paralítico se depois ele irá para o inferno andando; não adianta, Senhor, o surdo ouvir e depois ir para o inferno escutando; não adianta, Senhor, a pessoa ser curada de câncer e depois ir para o inferno sem doenças. Desejo do fundo do coração que as pessoas sejam curadas e recebam milagres de Deus, que sejam tocadas em sua alma e experimentem a graça do milagre pleno, do encontro pessoal com o Senhor e façam uma opção pelo céu, assim como Zaqueu tomou a decisão de mudar radicalmente sua vida. O Senhor não tem o interesse de nos curar para que depois da cura experimentemos o inferno. Ele tem o melhor para nós, Ele tem o céu para cada um de nós.

TESTEMUNHO:

Desde quando eu era seminarista, já atendia oração aqui na Canção Nova. Numa sexta-feira, recebi uma ligação de uma pessoa comunicando que estava vindo uma caravana de uma cidade do interior paulista com várias pessoas, com sérios problemas espirituais, que chegariam no sábado e precisariam de atendimento e de oração. Naquele sábado, eu estava sozinho no atendimento, mas confiei no Senhor, pois tinha tido um encontro pessoal com Ele e sabia que não era eu, mas o Senhor quem operava os milagres. Dentre essas pessoas, havia um jovem que, segundo alguns, estava possuído por um espírito maligno, atuando na mágoa e no ódio que ele sentia pelo pai, e que já tinha até comprado uma arma com o intuito de matar o próprio pai. Quando esse jovem entrou na sala de atendimento, eu o acolhi com um sorriso, dei a mão a ele, pedi que sentasse e comecei a conversar com ele. De fato, a fisionomia do rapaz não era a das melhores, o ódio refletia no seu rosto. Comecei a conversar sobre assuntos banais, perguntei para que time ele torcia, sondei sobre o desempenho do time no campeonato, até que, aos poucos, fui conquistando a confiança dele e pude falar daquele que eu queria anunciar naquela hora e que eu acreditava que libertaria aquele jovem do espírito de ódio. Num certo momento da conversa, toquei na ferida. Perguntei a ele: "e seu pai, quem é ele para você?" Imediatamente o jovem respondeu à minha pergunta dizendo que seu pai era um monstro. Eu olhei para ele, dei um sorriso, e disse com muita simplicidade: "Como um monstro pode ter feito uma criatura tão linda como você, filho de monstro teria que ser um monstrinho, e você não o é, você é um jovem bonito, com um coração que não cabe no peito; o pouco tempo em que estamos conversando, você já me conquistou". Ele deu uma risada, e aí eu dei o cheque mate – posso orar por você, meu amigo? Ele deu a resposta afirmativamente. Assim, pedi que se levantasse e comecei a orar por ele. Imediatamente, a graça de Deus começou a acontecer, vi a transformação daquela face, do ódio, para uma face angelical, fui percebendo os batimentos cardíacos daquele rapaz aumentando; ele estava tendo um encontro pessoal com Jesus, e logo as lágrimas viriam aos seus olhos. Foi o que pude contemplar, o poder de Jesus, o milagre acontecendo; pedi, imediatamente, o batismo no Espírito Santo e para que Deus lhe concedesse a graça de repousar no Espírito, que suas forças – física, emocional e psíquica – fossem tomadas pelo poder de Deus. Naquela mesma hora, aquele jovem forte caiu no chão da minha sala de atendimentos e o Senhor trabalhou poderosamente na vida dele. Quando despertou daquela experiência, um pouco assustado, ele já não era mais a mesma pessoa, não tinha mais ódio, havia alegria e paz. Expliquei-lhe o que tinha acontecido, despedi-me dele com um abraço efusivo e combinei com ele para que voltasse ao PHN, um encontro que promovemos para os jovens todos os anos aqui na Canção Nova. De fato, ele cumpriu a promessa, veio e me procurou no local onde eu atendia oração. Estava realmente convertido, tinha tido um encontro pessoal com Jesus, sua vida tinha sido transformada pelo poder de Deus. Ele me disse que tinha me trazido um presente. Surpreso, eu logo disse que não precisava. Entramos, então, na minha sala e ele me pediu para abrir a caixa de presente. Abri, com muito cuidado, algo que estava enrolado numa toalha de rosto e tomei um grande susto – era um revólver calibre 38 que ele havia comprado para matar o próprio pai e, também, porque estava envolvido com drogas. Entretanto, desde aquela oração que fizemos juntos, ele tinha mudado radicalmente de vida. Não usava mais drogas e o ódio que sentia do pai havia desaparecido do seu coração. Deu-me um abraço muito apertado e disse que era um novo homem. Não pude me conter em lágrimas de louvor a Deus por aquela vida transformada pelo encontro pessoal que havia tido com Jesus. Da mesma maneira que Zaqueu se comportou, aquele jovem também se comportou, pois Jesus não tinha pedido nada a Zaqueu e nem eu àquele jovem. Como Zaqueu disse a Jesus: "Senhor, a metade dos meus bens darei aos pobres, e se prejudiquei alguém, vou devolver quatro vezes mais"(Lc 19,8), igualmente, aquele jovem disse a mim: "desde aquela oração, Jesus transformou minha vida, não preciso mais desta arma, pois não uso mais drogas e não odeio o meu pai como odiava até aquele dia". Que Deus seja sempre louvado e adorado. Nosso Deus é lindo, Jesus está vivo, Ele é maravilhoso. Aleluia.

Outro encontro impressionante que a Bíblia nos narra é o encontro de Paulo com Jesus na estrada de Damasco, no qual vemos o que o Senhor é capaz de fazer na vida de uma pessoa. A obra que o Senhor fez na vida de Paulo é extraordinária. Ele era perseguidor dos cristãos, um homem de uma capacidade intelectual excepcional, mas totalmente contra a pessoa de Jesus Cristo; não o reconhecia como Deus, achava-o um louco. Contudo, num belo dia, teve um lindo encontro pessoal com o Senhor, Redentor e Salvador da sua vida.

Perceba a sutileza de Jesus ao encontrar-se com Paulo:

> Durante a viagem, quando já estava perto de Damasco, de repente viu-se cercado por uma luz que vinha do céu. Caindo por terra, ouviu uma voz que lhe dizia: "Saul, Saul, por que me persegues?" Saulo perguntou: "Quem és tu, Senhor?" A voz respondeu: "Eu sou Jesus, a quem tu estás perseguindo. Agora, levanta-te, entra na cidade, e ali te será dito o que deves fazer" (At 9,3-6).

A luz que envolveu Saulo era mais forte que a luz do sol escaldante do meio-dia. Jesus é a luz do mundo, Ele mesmo afirma isso: "Eu sou a luz do mundo. Quem me segue não caminha nas trevas, mas terá a luz da vida" (Jo 8,12). E como iluminou a vida de Saulo! Como foi tão forte essa luz que o fez cair por terra; essa luz quer iluminar a sua vida! Chegou a hora de você pedir a Deus que ilumine seu caminho, que ilumine seu interior, que esse encontro pessoal com Jesus, a luz, possa afastar toda e qualquer treva do seu caminho. Peça para Jesus entrar na sua vida.

Saulo foi literalmente nocauteado. A força de Cristo o derrubou, e na vida de um homem forte como era Saulo, forte em todos os sentidos, só poderia ser dessa maneira. Ele não conseguiu resistir e teve que se render. Na vida de muitos de nós o Senhor precisa agir dessa maneira, pois se não for assim, não nos renderemos a Ele.

O primeiro sentido de Saulo a ser atingido foi a visão, o segundo a audição. A Palavra diz que Saulo ouviu uma voz que lhe dizia: "Saul, Saul, por que me persegues?". Era Jesus falando com ele. Uma voz ao mesmo tempo suave e forte que penetrava nas entranhas de Saulo. Ele o ouvia falar na sua língua materna, o hebraico. E a voz fazia-lhe um questionamento – por que me persegues? Saulo ainda não podia imaginar que era Jesus. Possivelmente, passou pela sua cabeça que fosse algum membro da suposta seita "o Caminho" (os cristãos eram conhecidos como membros do caminho), que provavelmente tinha armado uma emboscada para ele. E devolveu a resposta com uma pergunta, pedindo as credenciais daquele que lhe falava: "Quem és tu, Senhor?", mas Saulo não poderia prever a resposta. Talvez pensasse que fosse Pedro, talvez João, ou um outro cristão qualquer. E a resposta veio de uma forma penetrante nos ouvidos de Saulo: "Eu sou Jesus, a quem tu estás perseguindo".

Naquele momento da revelação, o mundo caiu sobre a cabeça de Saulo. Tudo o que ele tinha vivido até então estava indo por água abaixo. E o que ele tinha estudado? E o que tinha ensinado? Como seria sua reputação depois desse encontro? Como aceitar que seus irmãos, mestres, doutores, escribas, fariseus estavam errados? Ele tinha ouvido falar que Jesus tinha sido crucificado no Calvário; foi dito a ele que haviam roubado o corpo de Jesus para forjarem uma tal de ressurreição e, agora, aquele que ele pensava que estivesse morto falava-lhe pessoalmente com voz firme e decidida. Algo estava se transformando dentro daquele homem, uma revolução acontecia em sua mente e no seu coração. Ele teve um encontro pessoal – marcante, decisivo e definitivo – com Jesus.

Jesus lhe dá uma ordem: "Agora, levanta-te, entra na cidade, e ali te será dito o que deves fazer". Aquele que mandava, que tinha carta do Sumo Sacerdote nas mãos para prender os cristãos, agora passa a obedecer a Cristo. Isso é conversão, é mudança radical de vida. Saulo obedece, pois sua vida já não lhe pertence mais. Sem questionar, Saulo obedece a Jesus: "Saulo levantou-se do chão e abriu os olhos, mas não conseguia ver nada. Então tomaram-no pela mão e o fizeram entrar em Damasco. Saulo ficou três dias sem poder ver. E não comeu nem bebeu" (At 9,8-9). Desse modo, Saulo experimentou os três dias que Jesus ficou no sepulcro, na escuridão da morte, na expectativa da ressurreição. Jesus deu uma ótima oportunidade a Saulo de refletir sobre a vida.

O convertido precisa ter uma nova visão. Aquele que tem um encontro pessoal com Jesus precisa receber uma visão que vai além do natural. Precisa enxergar com os olhos da fé, ter visão espiritual, sair simplesmente do plano humano e sensível, e enxergar no invisível, e caminhar no sobrenatural, por isso Saulo experimenta a cegueira. Se percebermos, veremos que além de não enxergar, Saulo fez a opção de jejuar durante esses três dias. Era preciso sair do plano carnal e entrar no plano espiritual. Não tenho dúvidas de que Jesus quer fazer isso conosco. Talvez já tenhamos até um longo tempo de caminhada; talvez já tenhamos tido o nosso encontro pessoal com Jesus há muitos anos, mas precisamos nos encontrar com Ele de novo, pois deixamos o sobrenatural para viver somente no natural. E os milagres de Deus vêm do sobrenatural para atingir o natural. É a hora de Deus para cada um de nós, é o tempo dele para mim e para você.

Essa experiência que Saulo faz com Jesus acontece de uma forma muito carismática, cheia de revelações. Jesus fala com ele; depois o próprio Jesus fala numa visão com Ananias e dá o endereço da casa onde Saulo está hospedado, e manda Ananias ir até lá para impor-lhe as mãos e fazer com que ele recobre a vista e tenha uma nova visão, como já mencionei acima. E Jesus diz a Ananias: "Vai, porque este homem é um instrumento que escolhi para levar o meu nome às nações pagãs e aos reis, e também aos israelitas. Pois eu vou lhe mostrar o quanto ele deve sofrer pelo meu nome" (At 9,15-16).

Aquele que tem um encontro pessoal com Jesus torna-se um canal nas mãos do seu Senhor. Deus sempre quer fazer de nós seus instrumentos, Ele quer sempre nos usar na sua obra para o resgate de muitos. O plano de Jesus para a vida de Saulo já estava determinado: "levar o nome de Jesus às nações pagãs e aos reis, e também aos israelitas". Jesus não se encontrou conosco para que fiquemos simplesmente sentados num banco da Igreja sem nos comprometermos com a obra de implantação do Reino de Deus. Ele quer que sejamos seus profetas nos tempos atuais, quer que o sirvamos num grupo de oração, numa pastoral, num movimento, Ele quer que façamos a diferença onde estivermos: no nosso trabalho, na nossa faculdade, com nossos funcionários, com nossos amigos, em nossas casas. Aquele que tem um encontro pessoal com Jesus torna-se um agente de milagres.

DIGA EM ORAÇÃO:

Eu sou um agente de milagres. Neste dia em que estou tendo um encontro pessoal com Jesus, quero ser incomodado por Ele, não quero ficar na acomodação; incomoda-me! Oh Espírito Santo, para que eu saia do comodismo, para que eu seja usado na obra de evangelização, para que eu seja um instrumento poderoso nas mãos do meu Senhor Jesus Cristo. Faça em minha vida esta linda obra e leva-me, Espírito Santo, aos necessitados, e dá-me oportunidade de falar e testemunhar sobre Jesus Cristo onde eu estiver. Quero ser canal, ser instrumento, ser usado pelo Senhor. Amém.

Ananias não ficou em casa, obedeceu a Jesus e foi instrumento na vida de Saulo. A palavra diz que ele entrou na casa e impôs-lhe as mãos, dizendo:

"Saul, meu irmão, o Senhor Jesus, que te apareceu quando vinhas pela estrada, mandou-me aqui para que

> tu recobres a vista e fiques cheio do Espírito Santo". Imediatamente caíram dos olhos de Saulo como que escamas, e ele recobrou a vista. Em seguida, levantou-se e foi batizado. Depois, alimentou-se e recuperou as forças" (At 9,17-19).

Pela vida nova em Cristo, recebida no encontro pessoal com Ele, podemos ser esse instrumento também, como Ananias. Por que não visitarmos os hospitais, por que não nos deixarmos usar nos presídios, por que não visitarmos as praças onde homens e mulheres estão se perdendo e levar a palavra e o poder de Jesus, por que não os casais serem Ananias para outros casais, levando a palavra de consolo e de libertação, para livrá-los da cegueira? Deus busca Ananias e Saulos que levem o seu poder, que sejam agentes de milagres. Quem está clamando por milagres pode ser instrumento de milagres. Precisamos ser profetas dos milagres de Deus na sociedade e também nas nossas comunidades. Milagres de reavivamento, milagres de jovens restaurados, milagres de famílias transformadas, milagres físicos e espirituais. Deus quer fazer de você um grande instrumento nas mãos dele. Esta palavra é para você: "Este homem, esta mulher, é um instrumento que escolhi para levar o meu nome". Se assumirmos essa escolha a partir do nosso encontro pessoal com Jesus, provocaremos uma grande revolução no mundo, no Brasil, em nosso estado, em nossa cidade, no nosso bairro, na nossa comunidade e na nossa casa.

Nesse sentido, precisamos ter essa realidade muito presente diante de nós. Não dá para caminhar na cegueira, é preciso ter a visão espiritual, a visão daquele que teve um encontro pessoal com Jesus. Ver no sobrenatural, enxergar com os olhos da fé!

No Antigo Testamento, especificamente no segundo livro dos Reis, lemos algo muito interessante: o homem de Deus, o profeta Eliseu, começa a incomodar o rei de Aram, porque sempre revelava a Israel quando os arameus armavam emboscadas para pegar os israelitas. O rei de Aram fez uma reunião para questionar quem estava traindo o reino, uma vez que sempre eram surpreendidos por Israel. Então, um dos chefes disse ao rei que não havia um traidor, e sim que o homem de Deus, Eliseu, sabia de tudo o que era conversado dentro de quatro paredes, pois tudo lhe era revelado por Deus. O rei, então, decidiu capturar este homem e levou o melhor de seu exército, os guerreiros mais fortes, e cercou a cidade, chamada Dotain, onde se encontrava o profeta. O criado do profeta saiu pela manhã e viu a cidade toda cercada por carros, cavalos e o melhor do exército, entrou e disse ao profeta:

> "Ai, meu senhor, o que faremos?" Ele respondeu: "Não tenhas medo. Os que estão conosco são em maior número do que os que estão com eles". Eliseu orou: "Senhor, abre-lhe os olhos, para que veja". E o Senhor abriu os olhos do criado, de modo que ele viu

> a montanha cheia de cavalos e carros de fogo em redor de Eliseu (2Rs 6,15-17).

Quando não temos a visão espiritual ou, poderíamos dizer, a visão profética, nos desesperamos como o servo de Eliseu: "Ai, meu senhor, o que faremos?" Muitas vezes nos comportamos assim, diante de diversas situações do nosso dia a dia – más notícias, enfermidades, problemas conjugais, problemas nas nossas famílias, em nosso trabalho, situações de desemprego, filho na droga, filha longe de Deus, decepções, depressão. "Ai, meu senhor, o que faremos?"

O desespero não atrai os olhos de Deus, pois significa ausência de esperança e, sem ela, a expectativa e a confiança naquele que pode todas as coisas, não encontraremos a solução. Temos de recorrer a Deus com fé e não com desespero, acreditar, mesmo quando tudo diz que não tem jeito; confiar, mesmo quando as pessoas ao nosso redor só nos desmotivam; precisamos acreditar no sobrenatural, acreditar que nosso Deus é Poderoso e nos tranquilizar pela certeza de que o Senhor está do nosso lado.

Precisamos ter uma nova visão, nos abrir à ação de Deus, para enxergarmos com os olhos dele, com os "óculos de Jesus" e vermos os milagres, a fim de contemplar a ação de Deus em nossa vida, naquilo que fizermos. É assim que faremos uma revolução onde estivermos; a revolução de Jesus, no poder do Espírito, e veremos os milagres se multiplicarem diante dos nossos olhos. É a nossa hora, é a nossa vez, o tempo do Espírito para nós, é tempo de mudança, de nova visão. Só dependerá de nós, pois Jesus quer nos curar de toda cegueira, para caminharmos na fé e nos milagres.

Paulo foi o grande instrumento usado por Deus nos dons, no poder do Espírito. Naquele contexto, os Atos dos Apóstolos nos atestam os grandes milagres, as grandes libertações que aconteceram por meio de Paulo (que antes se chamava Saulo), mas que pelo encontro pessoal com Jesus recebeu até um nome novo. A palavra diz que até os lenços que tocavam no corpo de Paulo e eram levados aos enfermos curava-os poderosamente. "Deus realizava milagres extraordinários pelas mãos de Paulo, a tal ponto que pegavam lenços e aventais que tivessem tocado sua pele, para aplicá-los sobre os doentes, e as doenças os deixavam e os espíritos maus se retiravam" (At 19,11-12).

De onde veio essa unção, de onde veio esse poder, essa ousadia de Paulo? Da marca que foi impressa em Paulo para sempre, a marca do encontro pessoal com Jesus, na estrada de Damasco. Isso deu garantia a Paulo de ir sempre além, deu visão a ele, e foi motivação para que usasse o poder de Jesus em favor das pessoas necessitadas. O encontro pessoal com Jesus deve provocar isso em nós, deve ser ação de milagres na nossa vida e através de nós.

Paulo recebeu uma nova visão, na qual pela fé nada estava perdido, pois ele sabia em quem estava colocando a sua confiança.

Como Eliseu disse ao seu servo – "os que estão conosco são em maior número do que os que estão com eles" –, Paulo pôde experimentar essa presença de Deus, do céu ao seu lado, e avançou na fé. Evangelizou os pagãos, não teve medo de anunciar, com poder, o Evangelho em que o Espírito Santo o conduzia, e passou a acreditar em milagres, pois entendeu, no encontro pessoal com Jesus em Damasco, que servia a um Deus vivo, a um Deus capaz de realizar o impossível, de manifestar o seu poder na vida daqueles que acreditam e que o buscam sem cessar; um Deus que não deixa os justos sem resposta e muda todas as coisas pelo poder da oração.

Na Canção Nova acreditamos que tudo pode ser mudado pela oração, na força e no poder de Deus; acreditamos na ação de Jesus, e temos visto coisas grandiosas acontecerem pela força da oração. A nossa fé está pautada pelo encontro pessoal que tivemos com Jesus, que mudou nossa vida e nos faz, todos os dias, acreditar e proclamar: com Jesus, tudo pode ser mudado pela força da oração!

É o encontro pessoal com Jesus que vai dar a você esta certeza de que tudo pode ser mudado pela força da oração; é o encontro pessoal com Jesus que vai abrir-lhe a visão para olhar com os olhos de Deus e ter esperança quando tudo e todos dizem que não tem mais jeito; é o encontro pessoal com Jesus que vai produzir em você a fé, capacitando-o a caminhar sobre as águas e a ver os milagres de Deus; é esse encontro pessoal com Jesus que vai lhe dar a certeza de que pela fé o mar pode se abrir para você e, então, poderá atravessá-lo a pé enxuto. Não tenha medo, continue acreditando, pois tem uma garantia: o seu Deus não está morto, Ele está vivo, o sepulcro está vazio, tiveste um encontro pessoal com Ele. Se já o teve, peça a graça de ter um novo encontro; se ainda não teve esse encontro pessoal com o Senhor Jesus, queira tê-lo hoje, agora.

TESTEMUNHO:

Eu estava celebrando a Missa do Clube da Evangelização numa quarta-feira. Depois da Missa faço questão de cumprimentar as pessoas que me esperam após a celebração. Nessa noite, logo após a Adoração, um homem muito nervoso entrou na sacristia, falando alto comigo e dizendo que queria ver aquela lata que eu estava carregando na mão. Eu disse a ele: "Senhor, aquilo não é uma lata, chama-se ostensório e usamos na liturgia para transladar Jesus, como o fiz na Adoração depois da Missa". Cada vez mais, ele ficava exaltado e insistia em ver, na sua linguagem, aquela lata. Então, expliquei que Jesus só seria transladado no ostensório no dia seguinte, na Adoração. Perguntei-lhe por que estava tão agitado, e ele me disse que era cético, não acreditava em nada e não acreditava em Deus, mas que na hora em que eu passei com o ostensório perto dele, ele tonteou, caiu sentado, sentiu um grande ódio por mim e planejou atacar-me pelas costas; porém, não conseguiu se levantar, sentindo-se amarrado à cadeira. Depois de ter me dito isso, saiu e foi embora. Quando tornei a cumprimentar as pessoas que ficaram me esperando, ele voltou, ainda exaltado, e questionou-me sobre o porquê aquelas pessoas que me abraçavam estavam tão alegres; algumas, inclusive, choravam de alegria. Expliquei-lhe que era o amor de Deus em nossos corações, e o amor que tínhamos uns pelos outros. Ele foi novamente embora e quando voltou, pela terceira vez, pensei comigo: "será que esse homem vai me agredir, meu Deus", pois ele estava ainda muito exaltado. Foi quando ele disse que só vinha à Missa para trazer sua esposa (que neste momento entrou com ele), e enfatizou, mais uma vez, não acreditar em nada, mas sua mulher insistiu que ele me contasse toda a verdade. Foi, então, que ele relatou: "quando o senhor subiu com o ostensório para o altar, eu, mesmo não acreditando naquilo, disse a Jesus: se o Senhor existe de verdade e está aí, como todos falam, cure agora o meu olho que está com uma doença e que os médicos disseram que não teria mais solução". Este senhor disse-me que logo que ele silenciou, eu proclamei na adoração: "tem um homem que está com um problema muito grave na vista esquerda e que os médicos disseram não ter mais jeito, só que Jesus me manda dizer-lhe, meu irmão, que você está curado. A sua vista vai começar a vazar e esse é o sinal da cura de Deus". Quando olhei para esse homem, sua vista estava vazando e ele chorando. Este foi o meio que Jesus utilizou para que aquele homem tivesse o seu encontro pessoal com o Senhor dos Senhores, aquele que tudo pode. E foram inúmeras as vezes que voltei a ver aquele senhor aqui na Canção Nova, curado e renovado pelo encontro pessoal com Jesus. Jesus é impressionante, Ele toca nos crédulos e nos incrédulos, porque seu maior interesse é encontrar-se com cada um e, a partir deste encontro, transformar suas vidas, assim como fez com Saulo de Tarso, hoje conhecido como o grande Paulo de Tarso. Amém. Aleluia!

Se você quer experimentar este Deus maravilhoso, Ele está disponível a mim e a você nesta hora, sendo a oração o meio para termos um encontro pessoal diário com o Senhor. Por isso, é esse o meu convite a você nesta hora.

VAMOS ORAR:

Senhor Jesus, estou sentindo em meu coração um despertar para estar na tua presença, e nesta hora quero colocar-me diante de ti, reconhecendo a minha pobreza, as minhas fraquezas e as inúmeras limitações que trago. Diante das tuas palavras, diante de inúmeros testemunhos e perante tudo o que vivo hoje, reconheço que preciso ter um encontro pessoal com o Senhor. Entre na minha vida nesta hora, muda todo o meu ser, transforma-me por dentro, venha dar sentido a tudo que vivo, mude o meu viver. Amado Jesus, quero pedir, neste momento, que a força deste encontro pessoal que estou tendo contigo nesta hora possa trazer-me uma nova visão. Liberta-me de toda cegueira espiritual, liberta-me de toda visão meramente humana; preciso enxergar com os olhos da fé, sair do natural e começar a enxergar e caminhar no sobrenatural. Só o Senhor pode realizar esta grande obra na minha vida, só esse encontro pessoal contigo pode fazer com que eu tome uma decisão radical por ti e pela verdade revelada, assim como Zaqueu tomou. Senhor, não tenho mais dúvidas, somente este encontro pessoal contigo, que peço que aconteça neste momento, pode fazer de mim um agente de milagres como o Apóstolo Paulo. Muda minha vida, cura as minhas feridas, faze de mim uma pessoa nova em ti e no teu poder. Eu não quero mais ser o mesmo, a partir de agora vou viver como uma pessoa nova que te encontrou e que não vai voltar atrás. Sei que o Senhor tem um lindo projeto para a minha vida, sei que o Senhor quer me usar para testemunhar suas maravilhas. Concede-me esta graça do encontro pessoal contigo, e leva-me aos necessitados, aos famintos da tua palavra, aos enfermos, e usa-me para realizar os teus milagres. Tenho plena consciência, Senhor, de que me escolheste para ser teu instrumento, e eu aceito e assumo esta escolha e quero ser realmente usado poderosamente por ti e pelos dons do teu Espírito. Eis-me aqui, realiza em mim a tua vontade, quero ser agente de milagres, quero experimentar na minha vida os teus milagres. Sela tudo isso com a força do teu Espírito Santo. Porque eu creio que, com Jesus, tudo pode ser mudado pela força da oração. Amém.

Vivendo no Poder do Espírito Santo

Deus tem nos conduzido, neste livro, a fazer uma experiência de milagres em nossa vida. Realmente, Ele quer que clamemos por seus milagres. Em toda a história da Igreja vemos o quanto os milagres estiveram presentes, pois assim como a noiva segue os passos de seu noivo, a Igreja segue os passos do seu Senhor. O ministério de Jesus foi profundamente marcado pelos sinais, pelos milagres e pelos prodígios – não temos como negar isso.

Antes do batismo de Jesus no Jordão não há relatos de milagres; o primeiro que o Evangelho nos narra é o das Bodas de Caná, quando naquele casamento o Senhor transformou a água em vinho. Podemos constatar que a atividade milagrosa de Jesus tem início a partir do batismo, pois foi perceptível a olhos nus a ação de Deus, por meio do Espírito Santo, que desceu sobre o Senhor em forma de pomba. A partir de então, os milagres começaram a se multiplicar.

Na pregação de Pedro, na casa de Cornélio, é feita uma afirmação que nos ajuda a entender a missão de Jesus de operar milagres:

> Vós sabeis o que aconteceu em toda a Judeia, a começar pela Galileia, depois do batismo pregado por João: como Jesus de Nazaré foi ungido por Deus com o Espírito Santo e com poder. Por toda a parte, ele andou fazendo o bem e curando a todos os que estavam dominados pelo diabo; pois Deus estava com Ele (At 10,37).

Pedro afirma, com toda força, que foi depois do batismo que a ação de milagres começou a acompanhar os atos de Jesus. Foi essa a marca que o Pai quis colocar no ministério de Jesus, a unção do Espírito Santo, o poder de fazer milagres.

Jesus curou leprosos, cegos, surdos, mudos, aleijados, ressuscitou mortos, expulsou os demônios, acalmou a tempestade, andou sobre as águas; e ainda, como São João vai dizer no Evangelho, "Jesus fez diante dos discípulos muitos outros sinais, que não estão escritos neste livro. Estes, porém, foram escritos para que creias que Jesus é o Cristo, o Filho de Deus, e para que, crendo, tenhais a vida em seu nome" (Jo 20,30-31). Com certeza, não caberia em livros tudo o que o Senhor Jesus fez nos seus três anos de vida pública, de ministério. Algumas pessoas não concordam que falemos ou clamemos por milagres, mas João nos dá essa garantia, explicando para quê os milagres foram realizados por Jesus e porque estão escritos no Evangelho: "para que creias que Jesus é o Cristo, o Filho de Deus, e para que, crendo, tenhas a vida em seu nome".

Pelo testemunho dos milagres, pessoas se voltam para o Senhor e creem nele, passam a acreditar que Ele continua vivo, constatam que Ele faz ainda hoje os seus milagres, pois a palavra de Deus é muito concreta: "Jesus Cristo é o mesmo, ontem, hoje e sempre" (Hb 13,8). Ele continua agindo, curando, realizando prodígios, milagres e sinais, para que o mundo creia e seja salvo por Ele. Precisamos acreditar que o Senhor continua realizando os seus milagres nos tempos atuais. Não tenha receio de pedir e de buscar os milagres de Deus, Ele lhe dá essa liberdade e quer, pelo poder e pela unção do Espírito Santo, levar você a uma experiência profunda com os seus milagres.

João Batista, quando estava na prisão, ao ouvir falar sobre as obras de Cristo, enviou seus discípulos para perguntarem se realmente Jesus era aquele que deveria vir. Assim, na resposta do Senhor está algo importante que precisamos assumir e acreditar: "Ide contar a João o que estais ouvindo e vendo: cegos recuperam a vista, paralíticos andam, leprosos são curados, surdos ouvem, mortos ressuscitam e aos pobres se anuncia a Boa-Nova. E feliz de quem não se escandaliza a meu respeito!" (Mt 11,4-6).

Se Jesus manda esta resposta a João Batista, é porque a missão do Messias esperado viria com esses sinais e prodígios, prova esta cuja resposta Ele manda por meio de seus próprios discípulos. Estes são os sinais confirmativos para João Batista de que Jesus era o enviado do Pai: "cegos recuperam a vista, paralíticos andam, leprosos são curados, surdos ouvem, mortos ressuscitam e aos pobres se anuncia a Boa-Nova". Pela palavra que citei acima, da Carta aos Hebreus, afirmando que Jesus "é o mesmo ontem, hoje e sempre", temos a garantia de que esses sinais continuam acontecendo no nosso tempo. João recebeu a prova de que Jesus era realmente o Filho de Deus, o Messias, com os sinais que aconteceram no Batismo no Rio Jordão – o Espírito Santo que desce em forma de pomba sobre Jesus e a voz do Pai dizendo que Ele é o seu Filho amado –, contudo João queria ouvir e saber dos sinais, como também ajudar os seus discípulos a acreditarem no Senhor Jesus. Nesse sentido, os milagres fazem parte essencial do ministério de Jesus.

São Marcos narra no Evangelho, quando Jesus ressuscitado aparece aos seus discípulos e faz o envio missionário:

> Ide pelo mundo inteiro e anunciai a Boa-Nova a toda criatura! Quem crer e for batizado será salvo. Quem não crer será condenado. Eis os sinais que acompanharão aqueles que crerem: expulsarão demônios em meu nome; falarão novas línguas; se pegarem em serpentes e beberem veneno mortal, não lhes fará mal algum;

> e quando impuserem as mãos sobre os doentes, estes ficarão curados (Mc 16,15-18).

A premissa para que esses sinais nos acompanhem é somente uma: CRER! Ou seja, ter fé, acreditar em Jesus e no poder do Senhor de fazer milagres. Não são os homens que fazem milagres, e sim o próprio Jesus que, por meio do seu Espírito, utiliza-se de homens e mulheres para agir na vida do seu povo. Fico sempre desconfiado quando vejo homens arrogando para si os milagres que acontecem, e afirmam que só naquela igreja os milagres se realizam. Ao agirem assim, estão tirando os méritos de Jesus e colocando em si mesmos ou numa determinada igreja esse poder que não lhes pertence.

Algo importante podemos constatar diante desse profundo mandato missionário de Jesus pós-ressurreição: os discípulos começam a atuar com tal ousadia somente após o Pentecostes e, assim, a partir daí, vemos o movimento do Espírito realizando milagres, sinais e prodígios no nome poderoso de Jesus.

Eles cumpriram a ordem de Jesus:

> Ao tomar a refeição com eles, deu-lhes esta ordem: "Não vos afasteis de Jerusalém, mas esperai a realização da promessa do Pai, da qual me ouvistes falar, quando eu disse: 'João batizou com água; vós, porém, dentro de poucos dias sereis batizados com o Espírito Santo'" (At 1,4-5).

A proposta de Jesus era exatamente que experimentassem o Batismo no Espírito Santo, que não é um outro batismo, nem um sacramento, conforme o apóstolo Paulo nos afirmar: "há um só batismo e um só Senhor", mas o batismo no Espírito Santo é uma experiência com o derramamento poderoso do Espírito sobre a vida da pessoa, que provoca uma mudança radical; tudo se faz novo, é algo maravilhoso.

Com relação a essa experiência, a Renovação Carismática Católica tem difundido e levado muitos a vivenciá-la, o que tem surtido um tremendo efeito na vida dos católicos, transformando radicalmente sua vivência cristã. De fato, isso tem ocorrido nos tempos atuais na Igreja.

Entrementes, os discípulos questionaram a Jesus se aquele era o tempo da restauração de Israel e o Senhor, embora afirmando categoricamente não competir a eles os tempos estabelecidos por Deus, indicou o caminho: "Recebereis o poder do Espírito Santo que virá sobre vós, para serdes minhas testemunhas em Jerusalém, por toda a Judeia e Samaria, e até os confins da terra" (At 1,8). O Espírito Santo foi a força que moveu os discípulos a levarem a Boa-Nova da salvação a todos quantos Deus os enviou, sem medo e com toda intrepidez, com a graça da parresia. Se eles precisavam de uma força é porque estavam fracos; se o Espírito lhes trouxe coragem, é porque estavam amedrontados, e se, a partir de então, os milagres, os sinais e os prodígios começaram a acompanhar a pregação e a oração dos apóstolos, é porque ainda tinham receio de obedecer ao mandato missionário que lhes fora dado por Jesus.

O relato do Pentecostes conta que os discípulos estavam reunidos em oração num mesmo lugar, e que:

> De repente, veio do céu um ruído como de um vento forte, que encheu toda a casa em que se encontravam. Então apareceram línguas como de fogo que se repartiram e pousaram sobre cada um deles. Todos ficaram cheios do Espírito Santo e começaram a falar em outras línguas, conforme o Espírito lhes concedia expressar-se (At 2,2-4).

Algo de extraordinário aconteceu: as pessoas viam sobre elas línguas de fogo, eram os sinais do cumprimento da promessa do derramamento do Espírito Santo, que marca o início da Igreja. A Igreja Católica começa a sua missão no Pentecostes, ou seja, ela é pentecostal por excelência, e ninguém pode questionar isso.

Somos frutos do Pentecostes. Outro sinal maravilhoso que aconteceu neste grande evento: "eles ficaram cheios do Espírito Santo e começaram a falar em outras línguas, conforme o Espírito lhes concedia expressar-se". Esta linda e profunda oração foi um sinal que constituiu o início da Igreja, que acompanhou os atos dos apóstolos logo após o Pentecostes e foi um dos sinais que Jesus asseverou que acompanharia aqueles que acreditassem nele: "Falarão novas línguas".

Essa experiência marcou a vida dos apóstolos e discípulos de Jesus e deu o tom da evangelização no início da Igreja. A ação apostólica sempre foi marcada pela palavra pregada com ousadia e seguida de sinais, milagres e prodígios. Somente o Espírito Santo poderia dar a ciência e o conhecimento àqueles homens simples, rurais, pescadores. Realmente, o Espírito Santo agia com poder através deles. Os Atos dos Apóstolos nos dão uma visão da ação extraordinária do Espírito Santo. Vejamos alguns exemplos:

> Pedro e João subiam ao templo para a oração das três da tarde. Neste momento, traziam lá um homem, coxo de nascença, que todos os dias era colocado na porta do templo chamada Formosa, para pedir esmolas aos que entravam. Quando viu Pedro e João entrarem no templo, o homem pediu uma esmola. Pedro, como João, olhou bem para ele e disse: "Olha para nós!" O homem ficou olhando para eles, esperando receber alguma coisa. Pedro então disse: "Não tenho ouro nem prata, mas o que tenho eu te dou: em nome de Jesus Cristo, o Nazareno, levanta-te e anda". E tomando-o pela mão direita, Pedro o levantou. Na mesma hora, os pés e os tornozelos do homem ficaram firmes, ele saltou, ficou de pé e começou a andar (At 3,1-8).

Não tenha dúvidas de que Jesus continua o mesmo, e no poder do Espírito Santo faz, nos tempos atuais, grandes maravilhas. É preciso crer, buscar a Deus e experimentar a força do Espírito que está disponibilizada gratuitamente para cada um de nós.

A palavra de Deus é muito clara nos Atos: "Muitos sinais e prodígios eram realizados entre o povo pelas mãos dos apóstolos" (At 5,12). Será que Deus mudou? Será que a mão de Deus não é mais a mesma? Tenha certeza no seu coração de que Deus continua o mesmo. Sem dúvidas, o nosso Senhor é Deus de milagres, de sinais e de prodígios; a palavra nos atesta isso, e a palavra é verdade revelada: "Jesus Cristo é o mesmo, ontem, hoje e sempre" (Hb 13,8).

> Enquanto Pedro percorria todos os lugares, visitou também os santos que residiam em Lida. Encontrou aí um homem chamado Enéias, que havia oito anos estava deitado numa maca, paralisado. Pedro disse-lhe: "Enéias, Jesus Cristo te cura! Levanta-te, arruma tu mesmo tua cama!" Imediatamente Enéias se levantou. Todos os habitantes de Lida e da região do Saron viram isso e se converteram ao Senhor (At 9,32-35).

Existe uma revelação preciosa neste texto que mostra a eficácia do ministério de Pedro que, sempre cheio do Espírito Santo, realizava em nome de Jesus esses sinais, revelando a grande intenção de Jesus nos milagres: "Todos os habitantes de Lida e da região do Saron viram isso e se converteram ao Senhor". O Senhor não faz nada por acaso, Ele sempre quer atingir a muitos, como neste caso, em que curou Enéias e atingiu toda uma cidade e região com aquele milagre, provocando a conversão daquele povo. Hoje, o mundo precisa voltar a ver esses sinais da ação de Jesus; o mundo precisa de conversão. Talvez alguém da sua casa, que convive com você, esteja precisando de conversão e o Senhor se utiliza destes sinais para tocar e dar vida nova.

Outro fato extraordinário que aconteceu pela oração e pela ousadia de Pedro é o caso da discípula chamada Tabita, que ficou doente e veio a falecer. Ao saber que Pedro estava na região, os discípulos pediram que viesse até Jope, pois acreditavam que Jesus agia através dele e que algo poderia acontecer com Tabita.

> Pedro mandou todo mundo sair. Em seguida, pôs-se de joelhos, a orar. Depois, voltou-se para a morta e disse: "Tabita, levanta-te!" Ela abriu os olhos, viu Pedro e sentou-se. Pedro deu-lhe a mão e ajudou-a a levantar-se. Depois chamou os santos e as viúvas, e apresentou-lhes Tabita viva (At 9,40-41).

Nesse contexto, quero mencionar que estamos num tempo em que Deus vai começar a multiplicar os milagres; se muitos pensam que os milagres desapareceriam da Igreja, estão redondamente enganados, os milagres vão se multiplicar com muita força, e não se assuste quando mortos começarem a ressuscitar pelo poder da oração dos homens e das mulheres ousados e cheios do Espírito Santo. Deus tem feito coisas extraordinárias nos nossos tempos e fará coisas ainda mais grandiosas, para que muitos creiam e o aceitem como seu único Senhor. Não há dúvidas de que a ação do maligno tem crescido no nosso tempo, mas certamente maior será a ação e o poder de Deus na nossa geração. "Pois em vós está quem é maior do que aquele que está no mundo" (1Jo 4,4).

Jesus continua realizando muitos prodígios no meio de nós; o Espírito Santo tem trabalhado com muita força na vida do povo de Deus. Perceba, por meio do testemunho abaixo, o quanto a força de Deus tem atuado em nossos dias.

TESTEMUNHO:

Na Adoração que sempre fazemos, logo após o término da Missa do Clube da Evangelização, às quartas-feiras, na Canção Nova, eu estava orando pelo povo, pedindo a Jesus que viesse em socorro das necessidades das pessoas, motivando as pessoas que oravam naquela hora a acreditarem no poder de Deus e, principalmente, a crerem no impossível que só Ele poderia realizar. Foi quando, em oração, Deus me deu uma visão: eu via claramente uma mãe diante da TV chorando muito e apresentando a foto do seu filho a Jesus, e ao mesmo tempo eu via aquele jovem na UTI de um hospital em coma, devido a um acidente. Orei com mais intensidade e Jesus falou ao meu coração: "Diga a essa mãe que estou visitando o filho dela agora, na UTI. Os médicos disseram não ter mais jeito, se ele se salvar ficará cego, surdo, mudo, talvez nunca mais se levante da cama. No entanto, a partir de amanhã todos começarão a ver os sinais da minha cura na vida dele". Sem medo, revelei o que Jesus me mandou e disse àquela mãe que ficasse tranquila, pois os médicos desenganam, mas Jesus não engana, e que no dia seguinte ela receberia o sinal de que o milagre estava acontecendo. Passaram-se meses e eu não recebi nenhum testemunho a respeito do milagre anunciado. Fui a uma cidade da Bahia para pregar um encontro e, quando me preparava para a celebração da Santa Missa, vieram me dizer que uma senhora queria dar um testemunho. Sou muito prudente com relação aos testemunhos, gosto de ouvir a pessoa antes, verificar se os médicos constataram a cura, o milagre, mas não houve tempo para fazer isso, e a insistência foi tanta que disse ao pessoal que depois da homilia eu chamaria a senhora para falar. E foi o que fiz. A senhora, bem simples, veio, subiu ao altar, dei o microfone a ela que, então, começou a falar: "Numa das adorações, após a Missa do Clube da Evangelização, eu estava orando com muita fé e lágrimas pelo meu filho que tinha sofrido um acidente de moto e estava em coma no hospital, desenganado pelos médicos. Eu apresentava a Jesus a foto dele na tela da TV. Os médicos tinham dito que se meu filho sobrevivesse não falaria, não ouviria e nem enxergaria, tinha pouca possibilidade de voltar a andar; afirmaram, também, que ele ficaria em cima de uma cama se sobrevivesse. Mas eu estava rezando com muita fé. Foi quando o padre disse que tinha uma mãe com a foto do seu filho diante da TV chorando muito, e declarou que Jesus estava visitando aquela UTI e que no dia seguinte ela teria a resposta de que o milagre aconteceu. Eu tomei posse, e quando fui visitar meu filho, no dia seguinte, ele abriu os olhos; um dia depois, já estava começando a falar comigo, nos dias subsequentes as bênçãos de Deus se concretizaram e, hoje, eu trouxe o meu filho para que vocês vejam o que Deus é capaz de fazer". Fiquei impressionado, o filho daquela senhora levantou-se no meio do povo e veio caminhando sozinho, subiu até ao altar, abraçou-me, e todo o povo pôde ser testemunha de um grandioso milagre. Eu louvei muito a Jesus, e sempre me surpreendo com essas graças. Nunca me acostumo com os testemunhos que recebo – quer sejam eles de grandes milagres como esse, quer sejam de curas muito simples – tudo me dá certeza de que Jesus está vivo e seu Espírito continua atuante no meio do seu povo. Os médicos podem desenganar, mas Deus nunca engana. Amém, Jesus, a ti todo louvor, honra e glória para sempre. Aleluia.

O Espírito Santo se move em nossos corações, age em nós; Ele está trabalhando poderosamente na vida do povo de Deus. Precisamos acreditar e buscá-lo com intensidade, com toda a força do nosso coração. Ele é o hóspede das nossas almas, é o fogo que queima sem arder; Ele é a brisa suave. *Vem, Espírito Santo, sobre a minha vida, vem agir em mim, trazer o alívio, o consolo, a esperança, preencher o vazio que há dentro de mim; vem, Espírito Santo, realizar obra nova em mim e fazer o milagre acontecer.*

Gostaria de chamar a atenção para um texto muito forte que mostra a ação do Espírito Santo através de Paulo, para percebermos o quanto as pessoas eram abençoadas pelo ministério dele: "Deus realizava milagres extraordinários pelas mãos de Paulo, a tal ponto que pegavam lenços e aventais que tivessem tocado sua pele, para aplicá-los sobre os doentes, e as doenças os deixavam e os espíritos maus se retiravam" (At 19,11-12).

O relato acima citado é extraordinário e permite verificarmos o quanto o Senhor agia na vida daquele homem que teve um encontro pessoal com Jesus e foi batizado com o Espírito Santo pela imposição das mãos de Ananias.

Os Atos dos Apóstolos narram um outro episódio na vida de Paulo, em que ele estava reunido no domingo para a fração do pão, ou seja, para a Eucaristia. No momento da pregação da palavra aos irmãos ele se delongou bastante e já passava da meia-noite. Um jovem chamado Êutico estava sentado na janela, no terceiro andar, e, tomado pelo sono, caiu e morreu. Com certeza, isso deve ter angustiado aquelas pessoas que estavam ali celebrando a Eucaristia, contudo, o Espírito Santo provocou o coração do Apóstolo e o levou a operar um grande milagre:

> Então Paulo desceu, inclinou-se sobre o jovem e, abraçando-o, disse: "Não vos preocupeis, ele está vivo". Depois subiu novamente, partiu o pão, comeu e ficou falando até de madrugada, e assim despediu-se. Quanto ao jovem, levaram-no vivo e sentiram-se muito reconfortados (At 20,10-12).

Como temos testificado no livro dos Atos dos Apóstolos, a pregação da palavra sempre foi acompanhada de milagres, de sinais e de prodígios, assim como a ação dos apóstolos e dos discípulos de Jesus. Posto isso, volto a afirmar: Deus não mudou, Ele continua o mesmo e quer realizar os mesmos sinais nos dias de hoje, quer curar, ressuscitar, realizar prodígios, converter os corações. Precisamos ficar abertos e atentos à ação de Deus.

Para entendermos bem o que Deus fez no início da Igreja, Paulo nos dá uma grande contribuição quando fala dos carismas do Espírito Santo:

> Agora, a respeito dos dons do Espírito, irmãos, não quero que vivais na ignorância. [...] Há diversidades de dons, mas o Espírito é o mesmo. Há diversidades de ministérios, mas o Senhor é o mesmo. Há diferentes atividades, mas é o mesmo Deus que realiza tudo em todos. A cada um é dada a manifestação do Espírito, em vista do bem de todos. A um é dada pelo Espírito uma palavra de sabedoria; a outro, uma palavra de

> conhecimento segundo o mesmo Espírito. A outro é dada a fé, pelo mesmo Espírito. A outros são dados os dons de cura, pelo mesmo Espírito. A outro, o poder de fazer milagres. A outro, a profecia. A outro, o discernimento dos espíritos. A outro, a diversidade de línguas. A outro, o dom de interpretá-las. Todas essas coisas as realiza um e o mesmo Espírito, que distribui a cada um conforme quer (1Cor 12,1.4-11).

Paulo foi colhendo, através da experiência pessoal com os carismas do Espírito Santo, tudo o que acontecia na Igreja que nascia, e, graças a Deus, a nossa Igreja nasceu vivendo em seu cotidiano o derramar do Espírito, a unção do Espírito. Ela é fruto do Pentecostes, na sua origem, carismática, ou seja, começou fazendo uso de todos os carismas que Paulo relata na primeira epístola aos Coríntios. Está explícita, para qualquer um ver, a ação poderosa de Jesus por meio dos carismas do Espírito, e não se pode negar isso, é Bíblico, é atestado, é confirmado pela Palavra de Deus.

Louvo muito a Deus quando ouço falar de algum padre que está sendo usado pelos dons do Espírito Santo no ministério de cura e milagres; glorifico ao Senhor quando vejo os leigos sendo usados pelo poder de Deus nos diversos carismas do Espírito. Isso é a comprovação de que Deus continua o mesmo, não mudou, e de que a Igreja continua carismática, pois sua essência é carismática, ela vem da experiência apostólica com o Pentecostes.

Não temos que questionar o mover de Deus, pois Paulo nos chama a olhar com os olhos da fé: "Todas essas coisas as realiza um e o mesmo Espírito, que distribui a cada um conforme quer" (1Cor 12,11). O Senhor dá a palavra de sabedoria e de conhecimento a quem Ele quiser, dá a fé de expectativa a quem Ele quiser, o Senhor dá o dom de cura e o poder de fazer milagres, o dom da profecia e o da diversidade de línguas a quem Ele quiser, assim como o dom da interpretação. Ele é Deus e não podemos controlar os seus atos. Obviamente, tudo deve acontecer de uma forma ordenada, equilibrada, mas tudo isso é bíblico, e não podemos questionar, apenas acolher. O próprio Paulo vai dizer que "A cada um é dada a manifestação do Espírito, em vista do bem de todos" (1Cor 12,7). Se Jesus dá essa manifestação para o bem do seu povo, por que questionar, duvidar? Se está fazendo o bem ao seu povo, deve louvar, glorificar o nome do Senhor, porque Ele está agindo de uma maneira muito viva e eficaz na sua Igreja. E você precisa desejar experimentar na sua vida a manifestação do Espírito Santo, a ação dos carismas através de você, pois é para o bem do povo que tudo isso acontece.

O próprio Jesus vai dizer no Evangelho de João:

> Em verdade, em verdade, vos digo: quem crê em mim fará as obras que eu faço, e fará ainda maiores do que estas. Pois eu vou para o Pai. E o que pedirdes em meu nome, eu o farei, a fim de que o Pai seja glorificado no Filho. Se pedirdes algo em meu nome, eu o farei (Jo 14,12-14).

Já pensou naqueles que tiveram a graça de viver nos tempos da Igreja Primitiva, da Igreja nascente? Com certeza, ficavam impressionados com a poderosa ação de Deus naqueles tempos, de como as coisas aconteciam, de tantos milagres que eram realizados no nome poderoso de Jesus. Contudo, em nossos tempos não é diferente, estamos sendo contemplados com experiências tão grandiosas como as do início da Igreja. Somos privilegiados e gratos a Jesus por tanta graça, por tanta força operada no meio do seu povo.

Na pregação de Pedro, logo após o Pentecostes, vemos a base de tudo o que hoje experimentamos:

> Está acontecendo o que foi anunciado pelo profeta Joel: "Nos últimos dias, diz o Senhor, derramarei do meu Espírito sobre toda carne, e vossos filhos e filhas profetizarão, os vossos jovens terão visões e os vossos anciãos terão sonhos; mesmo sobre os meus escravos e escravas derramarei do meu Espírito, naqueles dias, e profetizarão" (At 2,16-18).

Em sua primeira pregação, Pedro – o chefe da Igreja – aponta para o fim, ou seja: que, nos últimos dias, o Espírito Santo seria derramado sobre todos, e os carismas, até então não conhecidos, fariam parte da vida cotidiana daquele povo dos tempos finais. Precisamos perceber algo importante aqui: o Espírito foi derramado sobre a Igreja no início para que a palavra de Deus – seguida de sinais, milagres e prodígios – chegasse ao coração de todos os povos. Nesse sentido, Pedro já dá o sinal de como seria o fim da caminhada da Igreja nesta terra, isto é, o Espírito Santo agiria poderosamente na Igreja e na vida do seu povo como agiu no início – e é exatamente o que temos visto; sendo assim, não há dúvidas de que esse derramar do Espírito Santo nos tempos finais, e da maneira que tem acontecido, é uma grande investida do Senhor para que muitos sejam salvos e convertidos, acolhendo a palavra e a doutrina da Igreja.

No ano de 1967, na Universidade de Duquesne, nos Estados Unidos, alguns jovens decidiram estudar os Atos dos Apóstolos e orar pedindo a Deus que derramasse seu Espírito sobre eles, e que fossem agraciados pela efusão do Espírito Santo. Isso ocorreu num fim de semana que ficou conhecido como o “Fim de Semana de Duquesne”, pois o que aqueles jovens pediram ao Senhor acabaram por experimentar, e foi um derramar muito poderoso do Espírito Santo num grupo da Igreja Católica, marcando o início de um grande movimento espiritual, carismático, chamado Renovação Carismática Católica. Assim, a partir desse fim de semana, temos vivido um dos grandes momentos da história da Igreja. História essa que pode ser encontrada na íntegra no livro *Como um Novo Pentecostes*, de Patty Mansfield, que esteve neste retiro de Duquesne e experimentou o poder do Espírito Santo, derramado naquele fim de semana na referida universidade, e que, a partir de então, se espalhou por toda a face da terra.

Podemos experimentar esse poder do Espírito Santo hoje, agora, no momento em que lemos este livro. Sem dúvidas, muitos serão batizados com o Espírito Santo ao ler esse livro, portanto, não se assuste com o que Deus é capaz de fazer em sua vida, sua história, seu interior. O Espírito Santo está disponível a todos, Deus não faz acepção de pessoas, Ele está disponível a todos nesta hora. Portanto, se for necessário parar de ler agora e buscar Deus, em oração, clamando pelo Espírito Santo, faça-o sem receio, pois a graça de Deus está disponível a você.

Precisamos contextualizar o momento que a Igreja vivia naquele ano de 1967 em que o Espírito Santo foi derramado. O papa João XXIII convocou o Concílio Vaticano II; muitos pensavam que pela sua idade, seria apenas um Papa de transição, mas o próprio Espírito o usou para um grande avanço na doutrina da Igreja, bem como para a renovação da mesma. Na abertura do Concílio, o referido Papa fez uma oração muito profunda, pedindo que se realizasse um novo Pentecostes na face da terra:

> Renova os teus milagres nestes nossos dias, como em um novo Pentecostes. Permita que tua Igreja, unida em pensamento e firme em oração com Maria, a Mãe de Jesus, possa prosseguir na construção do Reino do nosso Divino Salvador, reino de verdade e de justiça, reino do amor e da paz. Amém.

Esse é um trecho da oração feita pelo papa João XXIII na abertura do Concílio, e que rezamos todos os anos na oração da coleta na Missa do Domingo de Pentecostes.

Não há dúvidas de que o pedido do Papa para que o Senhor renovasse os milagres nos nossos dias, como em um novo Pentecostes, foi a grande abertura e a grande intercessão para que Deus o fizesse, e os reflexos da concretização da mesma se deram no fim de semana de Duquesne.

É fundamental ter a consciência de que o Espírito Santo sempre atuou na Igreja: homens e mulheres foram usados pelo Espírito Santo, pelos carismas do Espírito que Paulo relata na carta aos Coríntios e que citei acima neste capítulo; santos foram usados de uma forma extraordinária, edificando a Igreja e levando alento, cura e milagres a muitas pessoas.

É o caso da beata Elena Guerra, fundadora das Irmãs Oblatas do Espírito Santo, em Lucca, na Itália, que – entre os anos de 1895 e 1903 – escreveu doze cartas ao papa Leão XIII, pedindo que a Igreja voltasse a pregar sobre o Espírito Santo e, igualmente, que o Papa convocasse o povo católico para fazer a Novena do Espírito Santo. O Papa, aos poucos, foi percebendo que as revelações de Elena Guerra eram realmente inspirações de Deus, do Espírito Santo, e publicou *Provida Matris Caritate*, em que pedia para toda a Igreja celebrar, entre as festas da Ascensão e Pentecostes, uma solene Novena ao Espírito Santo, publicando também uma encíclica sobre o Espírito Santo, que se chamou *Divinum Ilud Munus*.

Na virada do século, do dia 31 de dezembro de 1899 para 1900, o papa Leão XIII consagrou o século XX ao Espírito Santo, rezando o *Veni Creator Spiritus.* A correspondência dos católicos ao pedido do Papa não foi tão intensa, mas naquela mesma noite em que o Papa consagra o século ao Espírito, pessoas de outras denominações cristãs começam a experimentar, de uma forma poderosa, o derramamento do Espírito Santo com a manifestação dos carismas.

Todavia, existem na história da Igreja relatos de grupos que viveram, de uma forma muito concreta, a experiência com o Espírito antes mesmo do Pentecostalismo Protestante. O próprio João XXIII, quando ainda Arcebispo (Ângelo Roncalli), lá pelos anos de 1930, visitava constantemente uma aldeia, na Tchecoslováquia, onde – desde o século XI – os católicos já faziam uma experiência muito forte com o Espírito Santo. Os carismas relatados por São Paulo, na Carta aos Coríntios, se manifestavam poderosamente e os milagres aconteciam com muita frequência; de fato, a vida carismática era bastante comum naquela aldeia. Para se ter uma ideia da força do mover de Deus naquele lugar, não havia hospitais e presídios, pois a ação do Espírito Santo era tão poderosa que as pessoas doentes recebiam oração e eram curadas; todos viviam uma vida nova, e não se tem registro de violências e crimes. Com certeza, era o céu aqui na terra.

Também podemos viver isso, mas é preciso nos abrirmos à ação do Espírito Santo, bem como optarmos por viver uma vida nova, longe do pecado, na santidade, sobretudo, desejando do fundo do coração. Você pode pedir que isso aconteça em sua vida, sua diocese, cidade, paróquia, no seu grupo de oração, na sua pastoral. Podemos pedir que o Brasil seja, de forma poderosa, sacudido pelo Espírito Santo e que aconteça aqui o que se experimentou naquela aldeia da Tchecoslováquia. Você duvida que Deus possa fazer isso? Se você não duvida, já convido-o a pedir essa graça.

Deus preparou tudo, e a manifestação do Espírito Santo na Igreja Católica se inicia no tempo que o céu determinou; poderia ter acontecido antes, mas como a palavra atesta: "para tudo há um tempo debaixo do céu". O Senhor preparou as bases no tempo certo, sendo que o marco foi o retiro de fim de semana na Universidade em Duquesne. E, nesse contexto, um sacerdote testemunha como havia uma busca intensa por Deus, pela Palavra e pela oração nos anos que antecederam o grande derramamento do Espírito Santo:

> Nos inícios da década de 1960, uma onda de entusiasmo pelas vigílias de leitura da Bíblia e encontros de oração atravessou o país (EUA). Em Notre Dame (Universidade em South Bend, Indiana), notadamente nos anos de 1963/1964, reuniões importantes eram realizadas, semanalmente, por um grupo de estudantes, muitos dos quais vieram a ter importante atuação no movimento pentecostal. Essas primeiras reuniões consistiam em leituras da Bíblia, preces de improviso, canto e discussão. Todavia, as orações eram menos espontâneas e a discussão era mais livre e mais humanística do

> que as das reuniões pentecostais anteriores. Em todas as manhãs de domingo era organizada uma Missa especial para os estudantes, na qual muitos participavam com um vigor espiritual que era notável para aquele tempo. A Missa era seguida de um desjejum, que era puro Ágape. Havia um bom número de estudantes que se reuniam para rezar as vésperas diariamente. Naquele mesmo ano, foi introduzido o cursilho, em South Bend, em grande parte por intermédio da dedicação de um estudante, chamado Steve Clark. Nos anos que se seguiram, o cursilho produziu um poderoso impacto espiritual em muitas centenas de pessoas, na cidade e no campus. Por algum tempo, esses cursilhistas costumavam reunir-se para a Missa, uma vez por semana, à noite, na Capela Pangborn, de Notre Dame. [...] No mesmo ano, teve início um outro grupo que se reunia no Seminário Moreau, onde muitos estudantes começaram a encontrar-se duas vezes por semana procurando desenvolver o seu crescimento espiritual, inspirados sob o signo da Nossa Senhora e o seu exemplo. Por tudo isso se vê que o fogo pentecostal, que irrompeu na primavera de 1967, vinha sendo preparado por um considerável fermento de discussão, prece e atividade apostólica (Padre Eddward O'connor, CSC).

Com certeza, essa experiência que o papa João XXIII viveu, de uma forma tão concreta naquela aldeia, levou-o a pedir para o Senhor a renovação dos milagres nos nossos dias como de um novo Pentecostes. Deus atendeu, pois o Senhor quer realmente nos levar a experimentar isso. Mas certamente o diabo não quer que experimentemos a força do Espírito Santo em nossas vidas, que vivamos a experiência de milagres e experimentemos esse reavivamento de uma forma tão poderosa. Sabe o que aconteceu com a aldeia carismática? Em 1938, as tropas nazistas chegaram àquela aldeia e mataram quase todos os habitantes, que, para a glória do Senhor e pela força do Espírito, não renunciaram à sua fé em Jesus e deram sua vida pelo que acreditavam. Quem testemunha isso é uma senhora, de nome Anne Marie, que conseguiu sobreviver aos campos de concentração nazistas e russos.

Não sei quanto a você, mas quero experimentar isso na minha comunidade, na Canção Nova; quero levar essa experiência de milagres e do derramar do Espírito Santo por onde eu passar e anunciar o Evangelho. Quero levar esse poder àqueles com quem tiver uma conversa pessoal, às crianças, aos jovens, aos adultos, às famílias, aos anciãos. Precisamos acreditar que o Espírito Santo está disponível a cada um de nós, precisamos desejar viver essa graça aqui nesta terra. O mundo, nosso país, nosso estado podem ser diferentes; nossa cidade, nosso bairro, nossa paróquia, nosso grupo, nossa família podem ser diferentes, e a diferença está na experiência com o poder do Espírito Santo, com os milagres, como o batismo no Espírito Santo.

Vivemos num tempo em que o Espírito Santo tem liberdade de ação em nossas vidas. A Renovação Carismática Católica já passou dos quarenta anos, e quantas vidas foram salvas, quantas famílias restauradas, quantos jovens tiveram sua vida marcada pela força do Espírito neste movimento. Quantos sacerdotes já não foram dados à Igreja por esse movimento, quantos religiosos e religiosas, homens e mulheres decidiram viver a santidade e uma vivência cristã radical pela atuação deste movimento. Quantas comunidades surgiram dessa experiência carismática católica e têm dado inúmeros frutos para a Igreja. A Canção Nova é uma dessas comunidades onde vivemos com intensidade a vida carismática. Nosso apostolado é marcado pela ação do Espírito Santo; milhares de testemunhos chegam a nós todos os dias, relatando grandes milagres realizados pela força da nossa evangelização. Não podemos negar que somos carismáticos, graças a Deus. Sou fruto desta experiência carismática, assim como minha família é fruto deste derramar do Espírito. Logo, quero enriquecer você com este belo testemunho da ação do Espírito Santo na vida do meu pai.

TESTEMUNHO:

Eu sou fruto da experiência que aqueles jovens viveram no fim de semana de Duquesne, sou fruto da Renovação Carismática Católica. No primeiro capítulo, pude testemunhar a maravilhosa experiência de cura que vivi, de libertação e de conversão. E pude partilhar o quanto Deus tem me usado nos milagres que Ele mesmo realiza. Pude ser testemunha de um grande milagre na minha casa. Meu pai, desde sua adolescência, foi se envolvendo com o álcool, até se tornar um alcoólatra. Ele sempre foi um bom pai, um bom marido, mas trazia em si esse grande problema, essa grande limitação. Cada ano que passava, a situação ficava mais complicada, pois a dependência do álcool só aumentava, e ele estava dominado por aquela situação. No ano de 1998, eu entrei para o Seminário, deixando minha casa e minha família naquela situação tão complicada. Confesso que não foi fácil tomar essa decisão e deixar minha mãe e minha irmã na insegurança causada pelo vício, lá em casa. Foi com muita lágrima e muita dor que saí de casa. Contudo, eu tinha uma certeza: Jesus vai entrar na minha casa e ocupar o meu lugar, deitar na minha cama, sentar no meu lugar à mesa, estar com minha família. Passou aquele primeiro ano e vim de férias para casa, meu pai estava numa fase bem complicada, bebia uma semana e ficava outra doente por causa da ação do álcool no organismo. Ainda de férias, num belo dia, fui à Missa das 19 horas na paróquia e voltei cedo para casa; naquela semana, por sinal, meu pai estava vivendo um período de abstinência devido ao mal-estar físico. Cheguei em casa, peguei uma fita de palestra do Monsenhor Jonas e comecei a assistir. Meu pai veio com a Bíblia, sentou-se perto de mim e pediu-me para explicar o que aquele texto queria dizer. Expliquei o sentido do texto e ele disse que iria sentar-se na varanda para ler a Bíblia. Continuei assistindo à palestra e chegou um momento em que acabei dormindo, foi quando me assustei com o grito do meu pai que entrou na sala dizendo: "Roger, venha aqui comigo, vamos lá fora pois o diabo está lá e quer me pegar". Eu fui com ele, perguntei onde estava o diabo, ele me indicou, orei e expulsei o demônio e ele disse que o mesmo estava com medo de mim e havia sumido. Eu conclamei que ele tinha que ter medo mesmo de mim e que nunca voltasse a atormentar-nos. Meu pai não acreditava nos dons do Espírito, na manifestação dos carismas do Espírito, muito menos na ação da Renovação Carismática na Igreja. Mas, depois daquela oração que fiz, expulsando o demônio, pedi a ele se eu poderia impor as mãos em sua cabeça e orar, e ele me deixou. Orei carismaticamente, como sempre faço, e pedi que Jesus o batizasse com o Espírito Santo. Imediatamente, a graça aconteceu, meu pai começou a cantar em línguas e a chorar. Aquela noite foi uma noite de grande combate espiritual; o dia seguinte amanheceu, também, num grande combate espiritual. Nós o levamos ao médico, que diagnosticou que ele estava num grau muito alto de dependência e que precisaria deixar o álcool imediatamente. Isso já faz onze anos, e desde aquela oração nunca mais meu pai pôs álcool na boca, tendo, assim, uma linda conversão. Deus fez um grande milagre na vida dele. Hoje, meu pai é um homem de Deus, participa ativamente da Renovação Carismática Católica, servindo em grupos de oração, é

> Ministro Extraordinário da Eucaristia, trabalha numa obra social que cuida dos irmãos de rua. Meu pai é um homem de oração – comunga diariamente, frequentando as Missas e adorando o Santíssimo Sacramento, reza o rosário todos os dias, faz estudo bíblico e tantos outros meios de prática de orações diárias. O primeiro milagre que vi acontecer foi dentro da minha própria casa. Amém. Aleluia.

Meu pai é um milagre, assim como eu sou um milagre. Imagina o que o Espírito Santo não pode fazer na sua vida e na vida dos seus familiares e das pessoas pelas quais você tem orado. Basta pedirmos ao Espírito Santo e veremos os grandes milagres do Senhor se realizarem em nossas vidas. É hora de Deus para cada um de nós. Precisamos buscá-lo com toda a intensidade do nosso coração. Deus quer homens e mulheres cheios do Espírito Santo vivendo o reavivamento no Espírito.

Hoje, Deus tem levantado muitos homens e mulheres, na Igreja, que são usados pelo Espírito Santo no dom de milagres, no dom de curas. Padres e leigos, religiosos e religiosas, pessoas totalmente abandonadas no poder do Espírito Santo estão tornando-se multiplicadoras da poderosa unção do Espírito que faz grandes coisas em favor do povo amado de Deus.

Nesse sentido, podemos registrar aqui: Pe. Emiliano Tardif, que Deus usou para ser canal de grandes milagres; Pe. Robert DeGrandis, um grande instrumento usado nas mãos do Senhor; Monsenhor Jonas Abib, um eminente homem de

Deus usado no dom dos milagres e das curas; Pe. Edimilson Lopes, levantado por Deus no dom de milagres e curas; Irmã Briege Mckenna, uma religiosa renovada no poder do Espírito e usada no poder de fazer milagres. Tivemos uma leiga – Laura –, a qual chamávamos carinhosamente de Tia Laura, com um ministério impressionante de milagres e curas; vemos, ainda, o quanto Deus tem usado, neste ministério de milagres e curas, um outro leigo chamado Ironi Spuldaro; e, igualmente, temos sido testemunhas da ação de Deus no ministério de Neil Vellez. Citei somente alguns, no entanto, são muitos homens e mulheres que Deus tem usado para realizar a sua obra. Pelo mundo todo, levantam-se testemunhos de coisas extraordinárias que Deus tem feito, sobrelevando o quanto o Espírito do Senhor tem trabalhado na sua Igreja.

O Espírito Santo está disponível a todos nós, basta clamarmos por Ele. O Senhor quer derramar, de uma forma mais poderosa, o seu Espírito sobre todos nós; só precisamos desejar, pedir. E sem dúvida Deus quer levantar mais homens e mulheres neste carisma extraordinário de milagres e curas. Só precisamos clamar, acreditar e nos abrir à ação de Deus em nossa vida. Se você precisa de um milagre, não tenha receio de pedir ao Senhor que o faça em sua vida; se quiser ser usado pelo Senhor neste ministério, peça a Deus, não para que seu nome seja reconhecido pelos homens, mas para que o nome de Jesus seja conhecido, assumido pelos homens e que Ele seja adorado como Senhor e Deus das vidas salvas e tocadas por esse ministério.

TESTEMUNHO:

Numa adoração, na Missa do Clube da Evangelização, enquanto orava pedindo que Deus realizasse seus prodígios, milagres e curas na vida do seu povo, veio-me uma palavra de ciência, na qual o Senhor me dizia que estava curando uma pessoa com Aids. Continuei orando e o Espírito Santo falou ao meu coração, de novo, que Jesus estava curando uma pessoa com Aids que tinha sido desenganada pelos médicos, pois já estava bem debilitada pela ação do vírus no organismo. Obedecendo a Deus, proclamei a palavra. Não recebi nenhum testemunho desta cura, mas acreditei que o Senhor a tinha realizado, pois foi muito insistente a palavra. Um tempo depois, fui à Casa de Missão da Canção Nova, em Cuiabá, pregar um encontro, e num dos intervalos disseram-me que uma mulher queria falar comigo. Fui para uma sala onde os pregadores ficam para descansar, recobrei as forças, tomei uma água; haja vista que Cuiabá é uma cidade muito quente. Quando já estava saindo no corredor para ir ao palco para a próxima pregação, a senhora da qual tinham me falado veio e se ajoelhou aos meus pés chorando. Eu pedi que, por amor a Jesus, se levantasse, pois os nossos joelhos só se dobram diante de Jesus. Solicitei que se acalmasse e ela, então, começou a contar a sua situação, revelando que, há treze anos atrás, tinha descoberto que era soro positiva e que no decorrer dos anos o vírus HIV já tinha se manifestado nela, especialmente no último ano, que foi muito difícil, pois ficou muito debilitada, sendo, até mesmo desenganada pelo médico. Assim, disse-me que numa das quartas-feiras estava acompanhando a Missa do Clube da Evangelização e que, na hora da adoração, pediu a Jesus que tivesse misericórdia dela, pois acreditava que só Ele poderia curá-la. Esta senhora testemunhou que – no momento em que eu relatei o caso dela, afirmando que Jesus estava visitando uma pessoa com Aids já em fase terminal e que o próprio Senhor a estava curando – ela começou a chorar e disse a Jesus que era ela mesma e que estava tomando posse do milagre. A partir daquele dia, ela só foi melhorando, melhorando, melhorando, ao ponto de voltar ao normal. Retornou ao médico que pediu uma série de exames, os quais constataram sua cura. O vírus do HIV desapareceu do organismo daquela mulher. Ela me apresentou todos os exames, desde a descoberta do vírus, até aquele dia, como comprovação médica do grande milagre que o Senhor realizou em seu favor. Eu não tive palavras, só pude abraçá-la com lágrimas nos olhos e uma alegria muito grande no coração. Deus é realmente maravilhoso, e nos surpreende com aquilo que faz em favor do seu povo. Só posso dizer obrigado ao Senhor, a Ele louvar, honrar e glórificar eternamente. Amém. Aleluia.

Deus pode todas as coisas, por isso acredite nisso e peça neste momento que aconteça em sua vida um novo Pentecostes, e que você experimente o milagre e seja usado nos milagres que o Senhor quer realizar na vida dos seus amados filhos:

ORAÇÃO:

Senhor Jesus, estou pedindo que aconteça em minha vida esse novo pentecostes, multiplique nela os teus milagres, os teus sinais, os teus prodígios. Quero ser batizado com teu Espírito Santo, experimentar a graça dos carismas do teu Espírito Santo. Faze em minha vida uma obra nova. Eu quero pedir, Senhor, que esta graça do novo Pentecostes, dos teus milagres, possa alcançar os membros da minha família, e nesta hora quero apresentar diante do Senhor cada um deles, para que sendo batizados com o Espírito Santo possam experimentar a vida nova que o Senhor tem para eles, possam experimentar os teus milagres. Quero pedir, Senhor, para que o meu grupo de oração, a minha pastoral, o movimento no qual eu participo seja agora visitado pelo poder do teu Espírito Santo, que todos sejam batizados com o Espírito Santo, e os teus carismas comecem a se manifestar de uma forma poderosa no grupo em que participo, na pastoral da qual faço parte e no movimento a que pertenço; que os teus milagres se derramem de uma forma poderosa sobre nós. Senhor, estou pedindo, agora, pela Paróquia que frequento, entrego em tuas mãos a vida do Pároco que nos conduz; que o Senhor possa fazer acontecer na vida dele um novo Pentecostes, renova o ministério dele nesta hora, Senhor, e que comecem a acontecer, na Paróquia que frequento, os mesmos sinais que aconteceram naquela vila na Tchecoslováquia, multiplica os sinais, os prodígios e os milagres desse novo Pentecostes. Apresento a diocese da qual faço parte, coloco a vida do Bispo, o pastor dessa diocese, que ele experimente essa força do Espírito Santo e aconteça na vida dele um novo Pentecostes, que através dele toda a diocese seja visitada por Deus e se realize um novo Pentecostes, os milagres se multipliquem, e que os sinais sejam vistos por todos, assim como eram vistos naquela vila. Jesus, o Senhor pode fazer do Brasil um país cheio do Espírito Santo, pode promover um grande reavivamento espiritual em nossa nação, que o teu Espírito possa se mover e multiplicar os milagres, os sinais e os prodígios na nação brasileira, e do Brasil para as outras nações. Renova, Senhor, a face da Terra. Pedimos que os milagres se multipliquem, como num novo Pentecostes. Amém. Aleluia.

A Oração é Fonte de Milagres

Um assunto muito importante que vamos tratar neste capítulo é a oração. Esta precisa fazer parte da vida do cristão, no entanto, muitas vezes, isso não ocorre. Precisamos estar dispostos a doar o nosso tempo para o Senhor. Geralmente, falamos sobre devolver o dízimo, o que é realmente bíblico, mas creio que precisamos falar da devolução do dízimo a Deus no que se refere ao tempo que Ele nos dá, e isso se faz pela oração.

Um bom motivo de reflexão é meditar como tem sido a nossa relação de intimidade com o Senhor. Intimidade implica relacionamento pessoal, criação de oportunidades, busca por momentos especiais para estar com quem se ama ou com quem se quer estabelecer uma relação de amor.

Nosso relacionamento com Deus precisa ser assim, ou seja, precisamos criar momentos para buscar a Deus, estarmos dispostos a permanecer com Ele em oração e, muitas vezes, sacrificarmos diversas coisas para ficarmos com o Senhor. Precisamos devolver o nosso tempo a Ele, pois Ele nos dá, todos os dias, 24 horas. Quantos minutos, ou segundos, ou milésimos de segundos temos dado a Deus? Você já se fez esta pergunta? Dez por cento de 24 seriam 2h40 minutos. Quanto tempo do seu dia você tem dado para Deus?

O mundo capitalista, a sociedade e tudo o que vivemos em nosso dia a dia tem nos colocado num ativismo tão grande que perdemos a noção de que precisamos devolver ao Senhor o dízimo do nosso tempo. É uma necessidade de cada cristão ter um contato pessoal e diário com Jesus; é preciso ter intimidade, buscar tempo, é necessário estar com o nosso Deus.

Na Canção Nova trabalhamos como todas as pessoas trabalham, das oito da manhã às dezoito horas, todos os dias. Além dos trabalhos no nosso Sistema de Comunicação, em casa ainda temos formações, reuniões e tantas outras coisas referentes à nossa vida comunitária. Nosso Pai Fundador, Monsenhor Jonas Abib, ressalta que a nossa oração é ao ritmo da vida e temos que cavar tempo; e afirma, também, que Deus fez assim com a Canção Nova para estarmos mais perto da realidade do nosso povo, que tem uma vida agitada como a nossa e que, como nós, precisa, igualmente, estar em oração e manter-se em comunhão com o Senhor.

Corremos o risco de a nossa oração, no dia-a-dia conturbado, ser corrida, fugaz, não nos propiciando o tempo necessário e ideal para falarmos realmente com nosso Senhor, e tampouco nos dando oportunidade para Ele falar conosco. Todavia, o chamado de Deus para cada um de nós que acredita em milagres e quer clamar por milagres é o de ser homens e mulheres de oração, de intimidade com Deus.

Em nossa regra de vida na Canção Nova nos é pedido uma vida intensa de oração todos os dias: o estudo bíblico diário de, no mínimo, quarenta minutos; meia hora de adoração pessoal; o rosário; a Santa Missa diária; o jejum nas quartas e sextas-feiras; o momento da misericórdia às três horas da tarde todos os dias; confissão mensal; retiros pessoais mensais; adoração comunitária diária. Tudo isso para estar perto do nosso Deus, além de serem realizados com satisfação pelos consagrados da Canção Nova, pois não há nada melhor nesta vida do que estar com o Senhor em oração.

Jesus disse aos seus discípulos no Getsêmani, no Horto das Oliveiras antes de ser preso: "Vigiai e orai, para não cairdes em tentação! O espírito está pronto, mas a carne é fraca" (Mc 14,38).

Temos visto muitas pessoas caírem em tentação, porque não deram ouvidos a esse alerta que Jesus fez aos seus discípulos para que vigiassem e orassem, a fim de não caírem em tentação. Precisamos ter a consciência de que somos humanos, falhos, "filhos de Adão" e, por isso, somos capazes de fazer coisas terríveis se não orarmos. Quantas pessoas começaram bem na caminhada, mas como não perseveraram na oração, voltaram à vida do passado. Infelizmente, estão piores do que antes de entrar para a Igreja. Jesus explicita claramente o porquê de precisarmos estar em comunhão com Ele e buscá-lo incansavelmente em oração: "O espírito está pronto, mas a carne é fraca".

É necessário sermos perseverantes na oração, buscando a constância e nos esforçando para estarmos com o Senhor diariamente. Isso, de fato, exige disciplina. Não sei se você tem ideia do tempo que um adestrador gasta para treinar um cachorro e deixá-lo afiado. Um exemplo são os cães farejadores da polícia, com os quais se gastam horas, dias e anos para treiná-los. Por isso, hoje, estou, com toda simplicidade, dizendo a você: deixe-se adestrar por Deus, deixe o Senhor lhe treinar na vida constante e diária de oração. Ele quer ter um encontro pessoal com você todos os dias; nem você nem eu podemos deixá-lo esperando. Se uma pessoa muito importante marcasse um encontro com você, teria coragem de deixá-la esperando? Existe alguém mais importante que Jesus?

Tudo, hoje, quer nos desviar da oração, do encontro pessoal com o nosso amado Deus: a TV, a Internet, as festas, os papos com os amigos; além disso, muitas vezes, criamos compromissos e ocupações desnecessárias. Desse modo, acabamos não tendo o momento de intimidade com o nosso Deus. Não significa que não podemos mais assistir à TV, que não podemos navegar na Internet ou nos encontrarmos com os amigos para papear, mas sim que temos que ponderar tudo na nossa vida, ter equilíbrio e, principalmente, priorizar algumas coisas, dentre elas, o nosso momento de oração diário. Por exemplo, tenho muitos amigos que reservam um tempo para malhar na academia e empenham-se; acho bem legal esse cuidado com a saúde, claro, que sem exageros; e creio que precisamos também ter essa disciplina – essa disposição dos que malham e são atletas – para orar, pois a oração diária é imprescindível, tanto quanto o cuidado com a saúde, pois quando oramos cuidamos da saúde espiritual. Só não ora quem não quer. Quem se disciplina consegue ter uma vida constante de oração.

O Catecismo da Igreja Católica nos indica esse caminho de oração como uma opção que temos que fazer:

> A oração é a vida do coração novo e deve nos animar a cada momento. Nós, porém, esquecemo-nos daquele que é nossa Vida e nosso Tudo. Por isso os Padres espirituais, na tradição do Deuteronômio e dos profetas, insistem na oração como "recordação de Deus", como um despertar frequente da "memória do coração": "É preciso se lembrar de Deus com mais frequência do que se respira". Mas não se pode orar "sempre", se não se reza em certos momentos, por decisão própria: são os tempos fortes da oração cristã, em intensidade e duração (CIC 2697).

Que beleza a palavra da Igreja sobre a vida de oração: preenche o nosso coração com o desejo pelo nosso Deus! Precisamos, pois, nos lembrar dele com a frequência do ar que respiramos ou com a dos batimentos do nosso coração. Um chamamento do Senhor para cada um de nós é viver uma vida diária em constante oração.

Dentro desta dinâmica da oração temos muitas formas de nos colocarmos em sintonia com Deus. Podemos fazer uso da oração vocal, colocando todo o nosso corpo em estado de oração, uma vez que quando oramos com todo o nosso ser, damos à nossa súplica todo o poder possível. De uma forma muito livre, gosto muito da oração vocal e, muitas vezes, oro com força, com a voz elevada, com todo o meu corpo, envolvendo todo o meu ser na experiência de oração; sinto a presença de Deus que vai me conduzindo pelo Espírito e tenho feito experiências maravilhosas. Sempre começo louvando a Deus e, do louvor, brotam as palavras, a direção da oração; as intercessões irrompem livremente no coração, e, quando me vejo, já estou orando em Espírito e adorando o Senhor com toda a minha força.

Um outro modo de orar é por meio da "meditação", sendo que um dos grandes provocadores desta forma de oração é a Palavra de Deus que, ao ser lida, vai inspirando no interior os passos da meditação, que se transformam em oração. Podemos usar, neste modo de oração, textos litúrgicos, escritos espirituais, as imagens sacras, e tantos outros meios para se chegar a uma oração profunda. Contudo, faz-se necessário um nível de concentração profundo para atingir esse meio de oração, o qual é muito eficaz e produz muitos frutos na nossa alma. Deus fala muito ao coração que se empenha na meditação, traz revelação, conversão; é impressionante o quanto o Senhor faz.

O terceiro modo de oração é a "oração mental", sobre o qual Santa Tereza de Jesus nos revela: "a oração mental, a meu ver, é apenas um relacionamento íntimo de amizade em que conversamos muitas vezes a sós com esse Deus por quem nos sabemos amados". É o modo de oração que nos faz crescer em amizade com o Senhor nosso Deus. Todos que acompanham o meu ministério, a minha condução de oração, as minhas pregações, percebem o quanto sou carismático, o quanto vivo uma vida pentecostal, mas posso afirmar a você que tudo o que expresso no meu ministério é fruto dos meus momentos de silêncio diante do Senhor, tempo de oração mental, de relacionamento de amizade com Jesus, no qual busco inspiração e revelação para expressar aquilo que vivo e que exerço no ministério sacerdotal. Posso afirmar, sem medo, que nenhum carismático, nenhum pentecostal irá muito longe se não tiver esse momento de silenciar na oração, para que Deus fale, o Senhor converta e Jesus se revele; é primordial para a nossa espiritualidade esse modo de oração, pois "a oração mental busca aquele que meu coração ama, o amado de nossas almas", como assinala o Cântico dos Cânticos.

Existem várias outras maneiras de rezar. Nesse sentido, precisamos avançar na dinâmica de oração e conquistar o tempo necessário para estarmos em comunhão com Deus. A Eucaristia é a maior expressão de oração que podemos experimentar; a adoração ao Santíssimo é um meio poderoso de oração; a recitação dos mistérios da nossa salvação no rosário. Tudo isso vai fazendo de nós, pessoas marcadas pela força do alto, seladas por Deus, excelentes na intimidade com o Senhor. Apenas precisamos buscar a Deus, pois "Ele se deixa encontrar", e aproveitar esse tempo.

O diálogo de Jesus com a samaritana no poço de Jacó é imprescindível para entendermos o quanto precisamos estar em constante busca pelo Senhor. A mulher samaritana disse a Jesus:

> Senhor, vejo que és um profeta! Os nossos pais adoraram sobre esta montanha, mas vós dizeis que em Jerusalém está o lugar em que se deve adorar. Jesus lhe respondeu: "Mulher, acredita-me: vem a hora em que nem nesta montanha, nem em Jerusalém adorarás o Pai. Tu adoras o que não conheces. Nós adoramos o que conhecemos, pois a salvação vem dos judeus. Mas vem a hora, e é agora, em que os verdadeiros adoradores adorarão o Pai em espírito e verdade. Estes são os adoradores que o Pai procura" (Jo 4,19-23).

Você quer ser um desses adoradores que o Pai está procurando? Você pode se encontrar com Ele no seu quarto, na sala da sua casa, no seu oratório, na Igreja, basta se colocar em oração, pois Ele se deixa encontrar; e certamente Ele está esperando por você, para que o adore com toda a força do seu coração. Nós, católicos, temos uma grande graça: a presença de Jesus na Eucaristia, nas reservas dos Sacrários em nossas paróquias e comunidades, onde podemos vê-lo, encontrá-lo e adorá-lo com a nossa vida, com a nossa disposição. Porém, quando não puder ir a uma capela, e como Ele está vivo, ressuscitado, você tem livre acesso para adorá-lo no silêncio do seu quarto, da sua sala ou do seu oratório particular. Não perca tempo, o Senhor se deixa encontrar.

Diante de tudo isso que partilhamos, temos que reconhecer que a oração é um grande combate, o que, aliás, a Igreja nos ensina no Catecismo:

> [...] a oração é um combate. Contra quem? Contra nós mesmos e contra os embustes do Tentador, que tudo faz para desviar o homem da oração, da união com seu Deus. Reza-se como se vive, porque se vive como se reza. [...] O "combate espiritual" da vida nova do cristão é inseparável do combate da oração (CIC 2725).

Como já elucidei acima, para muitos cristãos, a oração é incompatível com tudo o que se faz na vida cotidiana, ou seja, tem-se tempo para todas as outras coisas, menos para a oração. Muitas vezes pensamos que a oração é uma coisa somente nossa, que acontece exclusivamente pela nossa força, pelo nosso desejo, por nossos anseios, e muitos desistem de orar com o passar do tempo. Diversas pessoas até começam bem na oração, com todo pique, mas caem no desânimo em virtude do combate. Enquanto não nos conscientizarmos de que a oração também procede do Espírito Santo, e não somente de nós, correremos o risco de não conseguirmos ter uma vida de oração constante, pois cairemos no desânimo diante do combate.

Não pense que acordo todos os dias com um imenso desejo de orar, de buscar a Deus. Muitas vezes, acordo cansado, pois não dormi bem; assim, acordo com o humor abalado e, interiormente, não tenho desejo nenhum de orar, de buscar a Deus, com vontade apenas de ficar quieto no meu canto, mas sei que se não orar, eu morro, morro espiritualmente. Como sei que o Espírito Santo me provoca na oração, peço logo que Ele venha em meu socorro, faço um esforço sobre-humano para orar e, quando vejo, a oração flui, momentos esses que, na maioria das vezes, são os de maior consolação de Deus na minha vida. Se eu fosse obedecer ao meu corpo, à minha vontade, não rezaria. O meu corpo não pode mandar no meu espírito, por isso tenho que ir além, sempre, para estar com o Senhor e ter minha vida abençoada na experiência da oração diária.

A oração, para a minha vida e para a sua, precisa ser uma necessidade básica; assim como o alimento é instância primordial para o corpo e a água fundamental para hidratar nosso organismo, a oração precisa ser como o oxigênio para o nosso organismo. Sem alimento, sem água, sem oxigênio nosso corpo morre; da mesma maneira, o nosso corpo espiritual, sem a oração, estará fadado à morte. Por isso, decida-se hoje por ser uma pessoa orante, comprometida com a oração e com Deus.

Uma vez, um amigo estava num vôo para um determinado país e ao seu lado sentou um senhor que orava de uma forma muito fervorosa. Ele foi percebendo como aquela pessoa orava e quis saber onde era a paróquia dele ou, até mesmo, se ele congregava em alguma Igreja Cristã. Então, resolveu perguntar de qual Igreja ele participava. O homem olhou bem dentro dos olhos dele e respondeu que não era cristão. Meu amigo, então, questionou o fato de ele estar com a Bíblia, e o senhor respondeu que era a bíblia satânica, afirmando que era satanista. Aquele homem estava orando com todo o fervor ao inimigo, o enganador, que não é Deus. Nós, cristãos, temos que ter vergonha diante de uma realidade dessas e pedir perdão a Deus pelas vezes que não o buscamos em oração, tomando a decisão de orar ao nosso Deus com toda a força da nossa alma a fim de buscar o Senhor com toda a intensidade do nosso ser. O inimigo não deu a vida por aquele senhor numa cruz, como nosso Senhor Jesus Cristo, no entanto, ele orava com fervor ao inimigo. O nosso Deus foi capaz de derramar o seu sangue por cada um de nós; contudo, às vezes, temos o disparate de não agradecer, de não buscar a Deus com intensidade, de não orarmos em nenhum momento do nosso dia.

Sei que, em diversos momentos, nos sentimos fracassados na nossa oração quando estamos passando por momentos de aridez, como se o Senhor estivesse longe e não a ouvisse. Também, nos momentos de decepção, quando não somos atendidos de acordo com a nossa vontade, vem a tentação de não rezar, para que não busquemos mais a Deus; às vezes, chegamos a dizer que já estamos cansados de orar e não receber a resposta, a ponto de decidir não orar mais, pois quanto "mais rezamos mais assombração nos aparece". Esquecemos que já somos vencedores, que Cristo morreu por nós e ressuscitou para que experimentássemos a vitória. Não sabemos esperar, não sabemos sofrer pelas demoras de Deus.

O Catecismo nos ajuda nesta reflexão:

> A tentação mais comum, mais oculta, é nossa falta de fé, que se exprime não tanto por uma incredulidade declarada quanto por uma opção de fato. Quando começamos a orar, mil trabalhos ou cuidados, julgados urgentes, apresentam-se como prioritários; de novo, é o momento da verdade do coração e de seu amor preferencial. Com efeito, voltamo-nos para o Senhor como o último recurso: mas de fato acreditamos nisso? Às vezes, tomamos o Senhor como aliado, mas o coração ainda está na presunção. Em todos os casos, nossa falta de fé revela que não estamos ainda na disposição do coração humilde: "Sem mim, nada podeis fazer" (Jo 15,5) (CIC 2732).

Diante desse grande auxílio que o Catecismo nos dá, temos que nos empenhar numa vida constante de oração.

A palavra citada por esse texto do Catecismo precisa nos levar a uma profunda conversão: "Sem mim, nada podeis fazer".

Muitas coisas têm dado errado em alguns momentos da nossa vida porque as fazemos sem Deus, sem a oração, sem perguntarmos se aquilo é da vontade do Senhor. Tomamos decisões humanas sem recorrer a Jesus, que tem todo domínio, todo o poder e toda autoridade. Precisamos estar com o Senhor, pois Ele está disponível a cada um de nós 24 horas por dia e se deixa encontrar, por isso temos que buscá-lo incansavelmente.

Jesus, na sua oração no Horto das Oliveiras, foi muito sincero com Deus. Precisamos perceber que o Senhor passava por um momento difícil, mas tinha força para estar em comunhão com o Pai, estar em oração. O papa Bento XVI, na sua homilia do Domingo de Ramos do ano de 2009, nos presenteia com uma profunda reflexão:

> Temos, em primeiro lugar, a afirmação: "A minha alma está perturbada" (Jo 12,27). Transparece aqui o pavor de Jesus, ilustrado amplamente pelos outros três evangelistas: o seu pavor diante do poder da morte, diante de todo o abismo do mal que Ele vê e ao qual deve descer. O Senhor sofre as nossas angústias juntamente conosco, acompanha-nos através da angústia derradeira até à cruz. Depois, em João, aparecem duas perguntas de Jesus. A primeira

> é expressa apenas condicionalmente: "E que direi? Pai, livra-me desta hora?" (Jo 12,27). Como ser humano, também Jesus se sente impelido a pedir que Lhe seja poupado o terror da paixão. Também nós podemos rezar deste modo. Podemos também lamentar-nos na presença do Senhor, como Jó, apresentar-Lhe todas as interrogações que surgem em nós à vista da injustiça no mundo e da dificuldade do nosso próprio eu. Diante dele não devemos refugiar-nos em frases piedosas, num mundo fictício. Rezar significa sempre também lutar com Deus e, como Jacó, podemos dizer-Lhe: "Não te largarei, se não me abençoares" (Gn 32,27).

Este texto do Gênesis, em que Jacó luta com Deus, é muito oportuno para a nossa reflexão. Precisamos ser insistentes, não podemos desistir de orar, de estar na presença de Deus, de buscá-lo de todo o nosso coração. Ele tem muito para fazer em nossa vida e, pelo nosso clamor, na vida das pessoas que estão necessitadas da nossa oração.

Vivemos num tempo em que a humanidade tem toda a facilidade tecnológica: com o acesso à Internet tudo ficou muito fácil, com o avanço da tecnologia dos celulares até mesmo o banco veio para dentro da nossa casa. Hoje, não precisamos fazer muito esforço para realizar muitas coisas, pois as máquinas fazem tudo por nós: vidro elétrico, câmbio automático, direção hidráulica; já existem casas projetadas para que do celular ou do computador possamos ligar o ar condicionado, preparar o chuveiro ou a banheira para o banho, ligar a TV etc; podemos comprar comida pelo telefone, o micro-ondas prepara tudo muito mais rápido do que o fogão convencional, sem citar aqui as outras grandes tecnologias. Atualmente, até para se construir relacionamentos, muitos usam o acesso virtual, navegando por comunidades de relacionamento e namoro pela internet, *sites* de conhecimento etc.

Temos que agradecer a Deus por ter dado a inteligência ao homem e a capacidade de criar, de inventar, de descobrir, de avançar; isso foi dado ao ser humano na criação; quando o próprio Deus diz que a terra está submissa ao homem, foi lhe dada autoridade. Porém, com todas essas facilidades, percebe-se que o homem tem ficado muito fraco na sua vontade, principalmente diante das dificuldades e da oração, e transfere todo imediatismo vivido nas novas tecnologias para Deus, como se com Ele acontecesse da mesma maneira e que fosse comandado por um controle remoto ou um *chip* monitorado por satélite

A humanidade não tem entendido Deus, nem compreendido a ação poderosa do Redentor, afundando-se cada dia mais por ignorar o Senhor de todas as coisas; porque Ele não faz aquilo que queremos na hora que pedimos. O livro do Eclesiastes nos dá uma dica sobre o comportamento de Deus e devemos lembrar que um dos atributos dele é ser imutável, ou seja, Deus não muda, sempre continua o mesmo:

> Tudo tem seu tempo. Há um momento oportuno para cada coisa debaixo do céu: tempo para nascer e tempo para morrer; tempo para plantar e tempo para arrancar o que se plantou; tempo de matar e tempo de curar; tempo de destruir e tempo de construir; tempo de chorar e tempo de rir; tempo de lamentar e tempo de dançar; tempo de espalhar pedras e tempo de ajuntá-las; tempo de abraçar e tempo de se afastar dos abraços; tempo de procurar e tempo de perder; tempo de guardar e tempo de jogar fora; tempo de rasgar e tempo de costurar; tempo de calar e tempo de falar; tempo de amor e tempo de ódio; tempo de guerra e tempo de paz (Ecl 3,1-8).

Muitas vezes, não conseguimos compreender o tempo de Deus e achamos que Ele está demorando, mas, igualmente, acreditamos que o Senhor é Onisciente, Onipresente, Onipotente, ou seja, Ele conhece todas as coisas, está em todos os lugares e tem todo o poder. Algo que precisa ficar muito claro no nosso coração é que Deus tem o melhor para nós e sabe, também, qual é o melhor momento de realizar a obra que buscamos, pois Ele não quer somente realizar uma obra, Ele nos quer por inteiro; portanto, se fizer o que queremos na hora que queremos, talvez corra o grande risco de nos perder para sempre.

Na verdade, o homem recebeu a autoridade para dominar esta terra, e não a Deus. O nosso amado Deus não é uma marionete em nossas mãos, nem nós somos uma marionete nas mãos dele. Ele não nos controla, ao contrário, dá-nos o livre-arbítrio e, dentro dessa liberdade, temos que optar pelo Senhor, querer estar com Ele, insistir como Jacó. A palavra diz que Jacó saiu ferido daquela luta com o Senhor, mas conseguiu o que buscava, foi abençoado por Deus. Aleluia! É assim que temos que nos comportar: ser insistente, ter têmpera, não desistir nunca. Essa luta de Jacó com Deus está narrada em Gn 32,23-33 e é um grande testemunho para nós, uma grande motivação para não desistirmos: "Não te largarei, se não me abençoares".

Desse modo, precisamos ter essa coragem de, no combate da oração, dizer a Deus: "Não te largarei, Senhor, se não me abençoares, enquanto não realizares em mim a Tua obra". Esta é a oração que agrada ao coração de Deus, é a oração insistente. Quantas pessoas são enganadas, buscam soluções imediatas e acabam se decepcionando com promessas mentirosas. Vemos uma teologia que prega a prosperidade, uma teologia manchada pelas mãos do maligno, pois é de enganação, de falsas promessas, mas muitos seguem esses discursos e promessas, não recebem nada e acabam abandonando a Deus. É importante dizer-lhe, sem medo, que você não precisa sair da Igreja para experimentar em nenhuma outra a força do Senhor. O que você precisa é saber esperar e ter a certeza de que Ele agirá no tempo certo, na hora preparada pelo céu. Não queira antecipar os tempos, cair no erro e na enganação que são pregados por aí. Fique com

Deus, seja como Jacó. O Senhor está à procura de católicos, de cristãos corajosos que esperam nele, e não de pessoas que se dizem católicas, cristãs, mas vivem numa frouxidão, pulando de galho em galho, seguindo promessas, e não o Deus de promessas que cumpre todas as que promete, contudo, no tempo certo. Aleluia.

Criou-se até uma música a respeito disso – que tudo é fácil, extremamente fácil – e essa é a mentalidade: optamos pelo fácil. O nosso inimigo tem se aproveitado das facilidades, nos tempos atuais, para atingir os cristãos e torná-los fracos a partir do fácil; o inimigo de Deus, portanto também nosso, tem agido sutilmente para nos fazer desistir, para que não acreditemos no poder do Senhor e, então, corramos para seus braços, pois é o senhor do fácil. Não desista, mesmo que demore; insista, pois Deus tem o melhor para você. Vença satanás pela sua adesão ao Senhor Jesus; não abandone ao Senhor por nada neste mundo, por nenhuma proposta fácil, permaneça com Ele, mesmo que doa, mesmo que você não veja respostas imediatas. "E quem não toma a sua cruz e não me segue, não é digno de mim. Quem buscar sua vida a perderá, e quem perder a sua vida por causa de mim, a encontrará" (Mt 10,38-39).

Tenha muito cuidado com aqueles que negam a cruz, tenha os dois pés atrás com aqueles que fazem tantas promessas e que são inimigos declarados da cruz e do sofrimento. O sofrimento faz parte da natureza humana; até alcançarmos o céu estaremos passando por esse vale de lágrimas. Não se apegue a esta vida, mas olhe e busque a vida que virá após esta – a vida eterna. Por favor, não corra da cruz, tome a sua, siga Jesus, nele está a cura, a salvação, a libertação e a vida eterna. É muito forte o que Ele nos revela por esta palavra: "E quem não toma a sua cruz e não me segue, não é digno de mim". Tenha certeza de que é a vitória que vem depois da cruz. Permaneça com Jesus, a cruz não foi a última palavra, a morte não pode vencê-lo. O Senhor está ressuscitado, Ele é vencedor. Aleluia. E você vencerá se permanecer com Ele.

Jacó disse a Deus: "Não te largarei, se não me abençoares". Assim posto, você não pode largar o Senhor, continue com Ele, até ser abençoado. "A partir dos dias de João Batista até agora, o Reino dos Céus sofre violência, e violentos procuram arrebatá-lo" (Mt 11,12). De que violência o Senhor fala quando proclama que o Reino está sendo arrebatado? Da violência da oração. Santo Afonso Maria de Ligório vai nos dizer: "Quem reza faz violência a Deus, mas é uma violência que o agrada". Temos de orar nessa perspectiva, irmãos. Precisamos buscar a Deus com insistência, temos que arrebatar os Céus com nossa oração, isso agrada a Deus, e Ele nos responderá no tempo certo.

Jesus conta uma parábola para enfatizar seu desejo de que sejamos insistentes na oração e não desistamos:

> Jesus contou aos discípulos uma parábola, para mostrar-lhes a necessidade de orar sempre, sem nunca

> desistir: "Numa cidade havia um juiz que não temia a Deus, nem respeitava homem algum. Na mesma cidade havia uma viúva, que vinha à procura do juiz, e lhe pedia: 'Faze-me justiça contra o meu adversário!' Durante muito tempo, o juiz recusou. Por fim, ele pensou: 'Não temo a Deus e não respeito ninguém. Mas esta viúva já está me importunando. Vou fazer-lhe justiça, para que ela não venha, por fim, me agredir!'" E o Senhor acrescentou: "Escutai bem o que diz esse juiz iníquo! E Deus, não fará justiça aos seus escolhidos, que dia e noite gritam por ele? Será que vai fazê-los esperar? Eu vos digo que Deus lhes fará justiça bem depressa. Mas o Filho do Homem, quando vier, será que vai encontrar fé sobre a terra?" (Lc 18,1-8).

Essa palavra de Jesus não necessitaria de nenhum comentário, mas quero ratificar o que já elucidei acima: temos que ser insistentes, a exemplo dessa viúva da parábola de Jesus. É isso que o Senhor quer que experimentemos, é assim que precisamos ser: violentos na oração, dispostos a insistir até o último momento. Não desista nunca, continue orando a Deus, clamando ao Senhor pelo seu milagre e pelas intenções que você traz no coração. O justo Juiz, nosso amadíssimo Senhor Jesus Cristo, quer realizar a obra que estamos pedindo, basta insistirmos em oração: "E Deus, não fará justiça aos seus escolhidos, que dia e noite gritam por Ele? Será que vai fazê-los esperar? Deus lhes fará justiça bem depressa".

Necessário é acreditarmos que, bem depressa, o Senhor Deus fará justiça na vida daqueles que clamam e combatem na oração, arrebatando os céus com o seu clamor. Tudo vai concorrer para que desistamos: o tempo, as situações, as constatações, a falta de resposta imediata; porém, devemos continuar acreditando e orando com muito fervor e, então, veremos a glória de Deus que se manifestará pela nossa insistência e pela nossa oração. Insista! Não desista!

TESTEMUNHO:

Durante uma missão na cidade de Itabuna, no Estado da Bahia (maio/2009), uma mulher foi ao meu encontro e esperou bastante até eu poder atendê-la. Quando pude darlhe atenção, disse-me que estava ali para dar um testemunho de uma graça muito grande que havia acontecido em sua vida. Começou a relatar o quanto vinha sofrendo com um grave problema na coluna para o qual os médicos tinham diagnosticado como uma hérnia de disco e que as vértebras de sua coluna estavam se enfraquecendo. Essa mulher de fé me disse que esse problema não a desmotivou de continuar orando, buscando a Deus e participando ativamente, pela televisão, da Missa do Clube da Evangelização. Relatou que tinha uma dor muito forte e que, muitas vezes, não conseguia nem mesmo se levantar, tamanha era a dor que descia também pelas pernas, mas – na Missa – vencia esse sofrimento e sempre conseguia se ajoelhar diante de Jesus na hora da adoração ao Santíssimo Sacramento. Assim, ela contou-me que numa das adorações que acontecem logo após as Santas Missas das quartas-feiras, apesar da intensa dor, estava ajoelhada em adoração, clamando pela misericórdia do Senhor e pela cura; foi quando, então, conforme ela própria assumiu, eu proclamei a cura da sua coluna. De acordo com o testemunho dessa mulher, a palavra de ciência que eu proclamei foi a de que o Senhor estava curando uma pessoa com um sério problema na coluna, e esse problema era uma hérnia de disco, com outras complicações. Ela disse a Jesus que sabia que muitas pessoas espalhadas pelo Brasil e pelo mundo, sintonizadas na Canção Nova, poderiam estar com hérnia de disco, mas, naquele momento, estava tomando posse da cura. Sentiu como se alguém colocasse as mãos na sua coluna e, com os dedos, fosse subindo de vértebra em vértebra, promovendo o alívio e a certeza da ação de Deus. Sentiu, também, um esquentamento na região dos seus ovários, pois estava com uma tumorização num deles, devendo passar por uma cirurgia já agendada. Perguntou para si mesma se era merecedora de duas graças num único dia, mas, sobretudo, acreditou que o Senhor poderia realizar quantas quisesse. Voltou ao médico da coluna e fez outros exames que comprovaram o milagre que naquela noite fora proclamado na adoração e assumido por ela. Como a cirurgia já estivesse marcada submeteu-se à mesma. No entanto, o médico, ao abri-la para retirar o tumor do ovário, não encontrou nada, ficando confuso. Depois, disse-lhe que havia acontecido algo de muito estranho, pois aquele tumor tinha desaparecido. Ela revelou-me que olhou para o médico e afirmou que sabia o que havia acontecido, enfatizando, com toda certeza, que Jesus tinha realizado mais aquele milagre na vida dela. Só pude glorificar a Deus com aquela mulher e dizer-lhe o mesmo que Jesus dizia aos que eram curados – "a tua fé te salvou". Mesmo doente, com dores, ela permaneceu insistindo com o Senhor, perseverante diante daquele que pode todas as coisas. Amém. Aleluia.

Existe um relato na Bíblia de um encontro de Jesus com uma mulher que mostra o quanto precisamos ser insistentes e jamais desistir, mesmo que sejamos humilhados e as pessoas riam de nós. Ainda que todos digam não ter jeito, temos de insistir até sermos escutados pelo Senhor, até sua vontade se manifestar.

> Partindo dali, Jesus foi para a região de Tiro e Sidônia. Uma mulher de Cananeia, vinda daquela região, pôs-se a gritar: "Senhor, filho de Davi, tem compaixão de mim: minha filha é cruelmente atormentada por um demônio!" Ele não lhe respondeu palavra alguma. Seus discípulos aproximaram-se e lhe pediram: "Manda embora essa mulher, pois ela vem gritando

> atrás de nós". Ele tomou a palavra: "Eu fui enviado somente às ovelhas perdidas da casa de Israel". Mas a mulher veio prostrar-se diante de Jesus e começou a implorar: "Senhor, socorre-me!" Ele lhe disse: "Não fica bem tirar o pão dos filhos para jogá-lo aos cachorrinhos". Ela insistiu: "É verdade, Senhor; mas os cachorrinhos também comem as migalhas que caem da mesa de seus donos!" Diante disso, Jesus respondeu: "Mulher, grande é tua fé! Como queres, te seja feito!" E a partir daquela hora, sua filha ficou curada (Mt 15,21-28).

Que texto espetacular para refletirmos sobre a oração insistente e sobre aquilo que foi mencionado acima: não desistir quando oramos, mas insistirmos com o Senhor em oração. A atitude dessa mãe precisa ser uma motivação para todos nós, para a nossa decisão de orarmos sempre e sem cessar.

Analisemos este encontro de Jesus com essa mulher de fé, ousada, decidida. Num primeiro momento da sua oração, a palavra de Deus diz que a mulher "pôs-se a gritar: 'Senhor, filho de Davi, tem compaixão de mim: minha filha é cruelmente atormentada por um demônio!'" Apesar de ser uma estrangeira, ela sabe quem é Jesus e professa com sua boca, com sua oração, com seu clamor, que o Senhor é filho de Davi, ou seja, o Messias que tinha prerrogativas de rei. Isso deve ter tocado no coração de Jesus, pois nem os judeus reconheciam-no dessa maneira; no entanto, aquela estrangeira – talvez considerada por aqueles que estavam naquele encontro como uma desequilibrada, descompensada, exagerada, por estar gritando na presença de Jesus – fora capaz de reconhecê-lo na sua essência.

Tal mulher teve coragem de pedir compaixão de si mesma, pois conhecia suas limitações, suas fraquezas, sua condição, como também expressou a Jesus a mais profunda dor do seu coração: sua filha, sua filhinha (pois mesmo que fosse uma jovem, os filhos para uma mãe sempre são crianças indefesas) estava atormentada por um demônio. Imaginemos, pois, o sofrimento pelo qual essa mãe vinha passando com sua filha. Não sabemos quanto tempo esta situação já perdurava: dias, meses, anos? Não importa, uma mãe não suporta ver um filho sofrer nem por horas. Dói por dentro, principalmente quando não há o que fazer, quando não se pode influenciar naquilo que o filho ou a filha está sentindo. Tamanha era a dor daquela mulher, que ela ousou se colocar com firmeza na presença de Jesus e gritar para chamar sua atenção, afim de que Ele parasse e escutasse seu clamor. Isso é o que podemos chamar de oração que tem objetivo. Portanto, nesse sentido, a referida mãe tinha um objetivo, e justamente por isso insistiria. Muitas vezes desistimos na nossa oração, no nosso clamor, porque não oramos com objetividade, não colocamos a alma e o coração no nosso clamor. Ela revelou a Jesus o motivo daquele clamor: "Minha filha é cruelmente atormentada por um demônio!" De fato, a mulher tinha um grande motivo para estar na presença de Jesus com toda a força de sua oração. Conforme corrobora a palavra, ela gritava ao Senhor, esperando realmente receber o que estava pedindo, orando com fé, sem colocar limites; enfim, queria alcançar seu objetivo

Contudo, como nos relata o Evangelho: "Ele não lhe respondeu palavra alguma". Essa foi a resposta que aquela mãe angustiada ouviu de Jesus: o silêncio. Ele não disse uma palavra, era como se estivesse indiferente à dor, ao sofrimento daquela mãe. Jesus tem uma mãe e Ele próprio experimentou as preocupações de sua, e nossa Mãe, a Virgem Maria, quando ela o perdeu naquela caravana em que o Senhor tinha doze anos. Ele mesmo viu a aflição de sua Mãe, no entanto, parecia que estava indiferente à dor do coração aflito daquela mãe suplicante.

Não sei se você já experimentou o silêncio de Deus na sua oração, na sua intercessão, no seu clamor. Na verdade, é algo desafiador e o sentimento é o de que estamos sozinhos, de que nem Deus está do nosso lado. Às vezes, dá vontade de dizer: "Senhor, por que não me ouves, por que não falas comigo, por que não mudas essa situação? O Senhor está vendo tudo o que está acontecendo, faça alguma coisa". Como é difícil sofrer as demoras de Deus! O livro do Eclesiástico nos alerta para isso:

> Filho, se te apresentas para servir a Deus, permanece na justiça e no temor e prepara tua alma para a provação.

> Mantém o teu coração firme e sê constante, inclina o teu ouvido e acolhe as palavras inteligentes, e não te afobes no tempo da contrariedade. Suporta as demoras de Deus, agarra-te a Ele e não o largues, para que sejas sábio em teus caminhos (Eclo 2,1-3).

O conselho do Eclesiástico é o de nos mantermos com o coração firme e constante. Parece que aquela mulher do Evangelho teve um contato direto com esse texto, pois o coração dela se manteve firme e constante no Senhor. Outro conselho do texto citado acima é o de inclinar o nosso ouvido e acolher as palavras inteligentes, e não ter afobação no tempo da contrariedade. Todo aquele que está disposto a interceder, clamar e permanecer em oração quando tudo diz que não, quando as realidades humanas dizem não, e até mesmo a medicina diz não ter mais jeito, sofre a tentação de dar ouvidos às palavras negativas; porém, o conselho desse texto cheio da sabedoria é acolher as palavras inteligentes, e, se possível, nos apegarmos à Palavra de Deus, às promessas do nosso amado Senhor, e não nos afobarmos nunca, pois se isso acontecer, colocaremos tudo a perder.

O Eclesiástico vai dizer de uma forma enfática: "Suporta as demoras de Deus, agarra-te a Ele e não o largues, para que sejas sábio em teus caminhos". Temos que aprender a esperar no Senhor, somente nele. O mundo em que vivemos não sabe esperar, é o mundo do fácil, do imediato, por isso, precisamos nos adestrar na espera da intervenção de Deus. Quem sabe esperar ganha muito de Deus, mas aquele que não se deixa treinar na dinâmica da espera, perde e perde muito, pois se afobou, antecipou-se, ou foi atrás do caminho mais fácil. Lembre-se de que Jesus disse que a porta que leva ao céu é a porta estreita e não aquela que se apresenta larga (Cf. Mt 7,13).

Um ponto muito importante que o texto do Eclesiástico nos aconselha é: "agarra-te a Ele e não o largues, para que sejas sábio em teus caminhos". Ou seja, agarra-te em Deus e não o largues enquanto não vires as promessas se cumprirem, o milagre acontecendo, a vontade do Senhor se realizando. Não podemos deixar de orar e de insistir em oração; não podemos seguir seitas ocultas e de coisas fáceis, nem nos deixar seduzir por promessas falsas, feitas por homens que se dizem cristãos, mas que não têm a conduta de alguém que realmente aceitou a Cristo como seu Senhor. Temos que permanecer com o Senhor até o fim, mesmo que permaneçamos na cruz, no sofrimento, pois há uma grande certeza em nossa fé de que depois da cruz vem a ressurreição. Aguenta firme, persevera, insiste! É assim que devemos nos comportar para sermos sábios em nossos caminhos.

Essa mãe que chegou até Jesus não desistiu, permaneceu junto dele e não o largou. E voltando ao texto do Evangelho, percebemos que o silêncio de Jesus diante daquela mulher aflita incomodou o coração dos discípulos, que resolveram provocá-lo para ver se Ele teria alguma reação: "Seus discípulos aproximaram-se e lhe pediram: 'Manda embora essa mulher, pois ela vem gritando atrás de nós'". Os discípulos já tinham presenciado tantas curas de Jesus que o pedido da mulher era muito simples para o Senhor; no entanto, Ele permanecia em silêncio, mesmo com a provocação deles, que insistiam com o Mestre, pois achavam que Jesus se comoveria com a situação daquela mãe e esperavam dele uma reação de acolhimento e manifestasse, assim, o seu poder, realizando o que ela pedia.

Todavia, para a surpresa de todos que ali estavam, a reação do Senhor Jesus não foi a esperada: "Ele tomou a palavra: 'Eu fui enviado somente às ovelhas perdidas da casa de Israel'", ou seja, Ele estava afirmando que não tinha parte com aquela mulher pagã – por ela não fazer parte das ovelhas perdidas da casa de Israel. Isso seria um balde de água fria na ousadia daquela mulher, uma punhalada nas suas costas. A reação natural e humana seria a de desistir, de ir embora magoada, chateada, de até mesmo sair falando mal de Jesus. Mas não foi essa a reação daquela mulher.

Por que a reação dela não foi a de ir embora, de desistir? Exatamente por aquilo que citei acima: aquela mulher, aquela mãe, tinha objetividade na sua oração, no seu pedido, queria a cura da sua filha – oprimida pelo demônio –, tinha no coração a certeza de sair dali, da presença de Jesus, com a benção na mão, com a cura da sua filha, custasse o que custasse, mesmo que tivesse que passar por humilhações.

Muitas vezes, no meu ministério, tenho me deparado com pessoas muito afoitas, agitadas, que não têm paciência de esperar a hora de Deus, porque não têm objetividade naquilo que fazem e, assim, desistem facilmente. Quantas pessoas às vezes nos ameaçam, dizendo: "Se você não me atender agora, eu vou para uma Igreja Evangélica, porque lá o pastor vai me atender na hora". Como se a resposta estivesse em mim ou no pastor, mas, na verdade, a resposta está no Senhor. É Jesus que pode todas as coisas. Outras vezes, as pessoas não suportam esperar, falam rudemente, sentindo-se no direito de agir dessa forma. A meu ver, a pessoa que faz grosseria é alguém que, realmente, não está precisando de nada, pois quem precisa de verdade sabe esperar, sabe ser gentil e humilde.

Essa mulher do Evangelho é um grandioso exemplo para todos nós. Jesus tinha descartado qualquer possibilidade de atender o seu pedido, pois ela era uma estrangeira, uma pagã, portanto não fazia parte do povo de Israel; entretanto, veja a atitude dela: "Mas a mulher veio prostrar-se diante de Jesus e começou a implorar: 'Senhor, socorre-me!'". Ela foi humilde, não foi orgulhosa; ao contrário, insistiu e se prostrou aos pés do Senhor, lutando por aquilo que acreditava, suplicando Àquele que ela tinha certeza que seria o único que poderia curar sua filha. Não teve medo, não teve vergonha, nem receio, jogou-se aos pés de Jesus e clamou por socorro, suplicou a atenção dele, tentou provocar o coração do Senhor Jesus para atendê-la. Isso é orar com objetividade, ou seja, nunca desistir daquilo que se busca. Você não pode ser fraco e desistir na primeira dificuldade, deve insistir, pedir socorro; e, de fato, às vezes, a oração que conseguimos fazer é só essa: "Senhor, socorre-me!"

Jesus permaneceu irredutível em relação a essa mulher e ainda fez uma afirmação que ofenderia a muitos, e talvez os fizessem desistir: "Ele lhe disse: 'Não fica bom tirar o pão dos filhos para jogá-los aos cachorrinhos'". Se analisarmos ao pé da letra, o Senhor a chamou de cadela. Para qualquer pessoa, isso seria uma grande ofensa, mas, de modo impressionante, para aquela mulher a palavra do Senhor não o sou como uma ofensa.

Conheço pessoas que, por muito menos, deixaram a Igreja: ou o padre não as tratou bem; ou porque o fulano ou o sicrano são assim ou assado; porque os irmãos da Igreja agem de uma determinada maneira na Missa do Domingo e, na rua, de outra forma completamente diferente, nem mesmo cumprimentando-as. Quantas pessoas se sentiram ofendidas numa pregação ou com um "não" do Bispo ou do Padre. Muitos deixam a Igreja por não concordarem com esse ou aquele ponto doutrinal. O mundo tem produzido um bando de cristãos doentes, feridentos, sensíveis demais, sem visão e sem objetividade na sua fé, como aponta a palavra que o próprio livro das revelações – o Apocalipse – diz: "Cristãos Mornos". O Pe. Léo usaria outra expressão bem da nossa época: "Cristão *Ligth*". Cristãos esses que ainda ousam colocar a culpa em Deus!

E o pior de tudo é que saem denegrindo a imagem da Igreja, dizendo que aceitaram Jesus em outra Igreja cristã. Falam que quando católicos eram mornos, não liam a palavra, faziam uso de bebida alcoólica, frequentavam todo tipo de lugar; mas, agora, que aceitaram Jesus, são novas pessoas. Como se na Igreja Católica tudo fosse permitido! Na verdade, aquela pessoa que sempre foi *ligth* – feridenta, sem metas e objetividade na fé – nunca quis se comprometer com o Senhor e sua Igreja.

Quanto àquela mulher, apesar de ainda não ser uma cristã, teve objetividade e não se deixou abalar pela palavra dura de Jesus, porque ela sabia o que queria: a cura de sua filha, a libertação daquele demônio que oprimia sua filhinha querida. Essa mãe surpreendeu Jesus com sua resposta e conseguiu tocar no coração do Senhor pela força de sua fé: "Ela insistiu: 'É verdade, Senhor; mas os cachorrinhos também comem das migalhas que caem da mesa de seus donos!'"

O cristão tem que ser humilde, imitar o seu Senhor; tem que ter coluna vertebral, ter têmpera, precisa ser decidido e ir até o fim na sua opção de fé. A referida mulher é um exemplo de humildade para nós. A palavra do Evangelho é concreta e diz que "ela insistiu", ou seja, não desistiu diante daquelas palavras aparentemente tão ofensivas. Se o Senhor Jesus a comparou a uma cadela, ela assumiu pela sua filha – e por aquilo que foi buscar em Jesus – que realmente era uma cadelinha que latia suplicante para Jesus.

Aceitava com humildade as migalhas que caíam da mesa dos donos. Ela diz claramente com essas palavras: "eu não quero roubar o pão de ninguém, Jesus, se o Senhor veio para salvar as ovelhas perdidas da casa de Israel, fica com elas, sem problemas, na minha insignificância eu aceito as migalhas da mesa dos donos". Que humildade dessa mulher, que oração objetiva, que força de vontade, que ousadia, sinal de quem realmente coloca sua confiança e dependência somente no Senhor!

A partir das palavras dessa mãe, Jesus se rende. Ele consegue ver que, realmente, ela sabia o que queria, e desvela sinceridade nas palavras da mulher, reconhecendo quão grande era a sua fé: "Diante disso, Jesus respondeu: 'Mulher, grande é tua fé! Como queres, te seja feito!' E a partir daquela hora, sua filha ficou curada". Essa é a resposta de Deus diante da oração insistente. Ele faz o milagre acontecer, opera maravilhas, mas é necessário insistir, e nunca desistir.

Se aquela mulher de Cananeia tivesse desistido em virtude do silêncio de Jesus, teria ido embora sem o milagre. Muitos desistem diante do silêncio da oração, por não verem respostas imediatas, embora Deus não queira que você desista; Ele quer que sejamos insistentes. Se ela tivesse desistido quando os discípulos foram falar com Jesus, teria voltado para a casa e sua filha ainda estaria oprimida pelo demônio. Alguns desistem até mesmo quando outros se unem em oração, intercedem a Jesus pela sua situação, mas como não obtêm respostas imediatas, abandonam o Senhor;

nesse caso, infelizmente continuam sem o milagre, pois não souberam insistir e esperar.

Quando Jesus disse que veio para as ovelhas perdidas da casa de Israel, Ele estava excluindo aquela mãe da atuação de seus milagres, porém, mesmo assim, ela não se afastou do Senhor, permaneceu, prostrou-se aos pés dele, pediu por socorro. Se fosse você, o que realmente faria diante de uma situação dessas, de uma palavra de exclusão? Muitos de nós, talvez, iriam embora revoltados com Jesus, e ainda diriam que Ele faz acepção de pessoas, preferindo os ricos, os poderosos. A atitude dessa mulher precisa nos questionar e nos motivar a não desistir nunca. Ela chegou ao ápice da humilhação, pois Jesus a compara a uma cadela; mas, mesmo assim, ela não vai embora e assegura-lhe que aceita as migalhas da mesa dos patrões. Ali não estava em voga o sentimento de inferioridade e exclusão daquela mulher, e sim o objetivo pelo qual ela tinha ido ter com Jesus. Ela saiu vitoriosa daquele combate de oração; ela saiu com o milagre e sua filha foi curada.

Esse é o caminho para aqueles que querem clamar pelos milagres do Senhor: insistir e não desistir, custe o que custar, doa o que doer! Não podemos ser fracos na fé, não podemos nos render diante das dificuldades; temos que ir além e pela oração, para experimentarmos o poder de Jesus. Ele quer agir, portanto, cabe a nós somente pedir, clamar, orar sem cessar, com muita insistência.

TESTEMUNHO:

Tive uma experiência muito bonita numa das missões em Campos dos Goytacazes, no Estado do Rio de Janeiro. Estava nesta cidade para pregar um encontro de três dias. Geralmente, a correria é muito grande nesses encontros, pois os horários de pregações, orações, Missas e adorações são bem exigentes e intensos, o que me impede de dar a atenção que gostaria às pessoas que estão participando do encontro e que querem ter um momento de partilha, de oração, de comunhão comigo. Neste encontro não foi diferente, mas os meus irmãos da comunidade Canção Nova, que são missionários na cidade acima referida, vieram até mim e pediram-me para atender, em oração, uma jovem que estava com um tipo muito raro de câncer na medula e cuja família era muito engajada na Igreja. Disse-lhes das dificuldades do tempo, mas insistiram e, no fim do encontro, já de noite, pedi que trouxessem a jovem e orei por ela. Foi um momento profícuo de oração, pedi com muita fé que Jesus fizesse o milagre. A família estava indo para São Paulo levá-la para consultas e cirurgia, pois o problema tinha se agravado Fiquei sem notícias, sem saber como tinha sido a cirurgia. Ao voltar a Campos dos Goytacazes numa nova missão, a mãe daquela jovem me procurou para testemunhar o milagre. Essa mãe estava muito feliz com o que Deus tinha feito na vida de sua filha amada. Ela me disse que indo para São Paulo passaram em Cachoeira Paulista, na sede da Canção Nova, para participarem do Acampamento de Oração com o Pe. Ruffos,

> um padre indiano que é exorcista do Vaticano e que, todos os anos, ministra um encontro de oração na Canção Nova. Nesse acampamento, conforme ela me revelou, num momento de oração, eu proclamei a cura de uma pessoa que estava com um câncer na medula, um câncer grave, e Jesus estava curando aquela pessoa. A mãe disse que, com toda a família, tomou posse do milagre, pois tinha certeza de que Jesus tinha curado a sua filha. Ao completarem a viagem até São Paulo e fazerem novos exames, foi constatado que o câncer havia desaparecido e que aquela jovem tinha sido curada. Diante de um Deus tão grande e tão poderoso em seus milagres, só podemos nos calar e adorá-lo com toda a força do nosso coração. Ele é digno da nossa ação de graças, do nosso louvor e da nossa adoração.

O nosso Deus tudo pode, Ele tem o poder de realizar grandes coisas em nosso favor, só precisamos esperar o tempo dele e pedir que se realize em nós a sua vontade. Não podemos desistir, temos que ser insistentes, clamar, suplicar, bater na porta do coração do nosso Deus. Ele tem o controle e o poder sobre todas as coisas. Vamos orar pedindo ao Senhor que nos ensine a não desistirmos, a sermos insistentes.

ORAÇÃO:

Senhor nosso Deus, reconhecemos que és Todo Poderoso, entregamos a nossa vida em tuas santas mãos.

Faça-se em nós a tua preciosa vontade, pois sabemos que sempre tens o melhor para cada um de nós. Pedimos-te neste momento de comunhão, de oração, de clamor, que o Senhor nos conceda a graça da insistência na oração, pois sabemos que tudo vem do Senhor e da tua providência. Queremos ter uma vida constante de oração e ter, todos os dias, momentos preciosos nela, valorizando o tempo que nos é concedido diariamente. Coloca em nosso coração um amor pela palavra, coloca em nosso coração um desejo imenso por estar na tua presença em oração. Atraia-nos, Senhor, para te adorarmos na Santíssima Eucaristia, para a vivência profunda do Santo Sacrifício da Santa Missa; queremos ser sempre atraídos para a oração. Ensina-nos a orar e a adorar como convém. Nós precisamos de ti, Senhor. Ajuda-nos a acreditar sempre, não permitas que desistamos da oração, queremos ser fiéis até o fim. Assim como aquela mulher do Evangelho, que pediu insistentemente pela cura da sua filha, concede-nos a graça de acreditar mesmo quando tudo diz que não dará certo e que não há solução. Senhor, permite que cada um de nós continue clamando pelos milagres, mesmo quando parecer que não escutas as nossas orações e clamores. Coloca em nosso coração o desejo por ti, a certeza de que permaneces conosco todos os dias, que escutas a nossa oração. Dá-nos a graça de sermos insistentes, de não desistirmos nunca, de acreditarmos até o último momento. Queremos ser fiéis a ti, Senhor, todos os dias da nossa vida. Queremos ser pessoas de oração, que reconhecem o teu Senhorio sobre a nossa vida, e continuar acreditando que tudo podemos em ti, Senhor, pois és um Deus fiel, que nos fortalece. Obrigado, Senhor, permanece sempre conosco, precisamos da tua presença. Amém. Aleluia.

Clamando por Milagres

Gostaria de expor, neste capítulo, um texto do Evangelho que nos abona a sempre clamar pelos milagres de Deus; texto esse no qual o próprio Jesus nos diz: "Portanto, eu vos digo: pedi e vos será dado; procurai e encontrareis; batei e a porta vos será aberta. Pois todo aquele que pede recebe; quem procura encontra; e a quem bate, a porta será aberta" (Lc 11,9-10).

Jesus indica esse maravilhoso caminho que, sem sombra de dúvidas, é um grande desafio para enfrentarmos o mundo material em que vivemos e experimentarmos todas as graças disponíveis no mundo sobrenatural – o de pedir, o de lutar com insistência, o de procurar até encontrar. A nossa tendência, quando não temos respostas imediatas, é desanimar, porém, a palavra de ordem que o Senhor nos dá é a de ânimo, que nos motiva a pedir com insistência e provoca no coração a disposição para que procuremos em Deus a resposta. Nesse sentido, o fundamental é batermos na porta do coração do nosso amado Senhor até Ele abri-la.

Por isso, a grande proposta para cada um de nós é a de clamar por milagres insistentemente, sem nunca desistir. Deus nos permite isso, Ele nos dá essa liberdade; assim sendo, precisamos – com toda fé e todo empenho – unir forças e viver na expectativa da manifestação de Deus.

Fiz uma experiência muito bonita com Deus na enfermidade e pude experimentar o poder do clamor que se levantou ao pedir um milagre. No ano de 2003 estava morando em Palmas, no Estado do Tocantins, para estudar teologia. Sentia muitas dores nas pernas e fui a uma especialista para ver a situação das minhas veias. O diagnóstico que foi obtido, por meio de exames, era um problema nas varizes. Seria necessária, então, uma cirurgia para retirada das safenas e algumas outras veias que estavam comprometidas. Nunca tinha me submetido a nenhum tipo de cirurgia, mas disse à especialista que se fosse necessário estaria disposto a passar pela intervenção cirúrgica.

Nas conversas com a especialista disse-lhe que tinha algumas ressalvas, pois não poderia submeter-me à cirurgia no período das aulas na Faculdade de Teologia e que em julho, o período de férias, estaria ocupado na segunda quinzena com importantes reuniões em São Paulo as quais não poderia deixar de comparecer. Ela garantiu-me que se eu fizesse a cirurgia nos primeiros dias do mês de julho, estaria liberado para viajar para São Paulo, sem problemas, na segunda quinzena. Aceitei seu argumento e, nos primeiros dias do mês de julho, submeti-me à cirurgia de retirada das veias.

Quando se completavam os quinze dias de cirurgia e se aproximavam os dias da minha viagem, comecei a sentir uma forte dor periférica do lado esquerdo do peito. Achei que a dor fosse causada por gases no intestino e no estômago, mas tornou-se insistente e depois seguida de febre; cheguei, então, à conclusão de que gases não deveriam ser a causa da dor, por causa do sintoma de febre. Liguei para a angiologista (especialista em vasos sanguíneos) e relatei tais sintomas. Imediatamente, ela orientou-me para procurar um pneumologista (especialista em pulmão). Assim, fui à pneumologista que, ao me examinar, constatou que eu estava com embolia pulmonar; depois, por meio de exames, constatou-se que também tive um infarto do lobo inferior do pulmão esquerdo.

O diagnóstico era de uma enfermidade causada pela trombose pós-cirúrgica que eu havia sofrido. O problema era grave, portanto, tive que ser enviado para a Unidade de Tratamento Intensivo (UTI). Quando a médica me explicou sobre a gravidade do diagnóstico, havendo até possibilidade de morte, a minha primeira reação foi questionar a Deus, ou seja, murmurei dizendo-lhe: "Senhor, eu deixei tudo para servir-te: deixei minha família, meus amigos, minha namorada, minha independência financeira, minha cidade, tudo o que eu gostava para te servir e para servir aos seus filhos amados, e agora o Senhor faz isso comigo?

Deixei de sonhar os meus sonhos para sonhar os teus sonhos, e agora o Senhor vai me deixar morrer seminarista?" Contudo, tomei consciência de que eu estava errado e mudei o discurso: comecei a agradecer a Deus pela dor, pela situação em que eu me encontrava; agradeci por aquele diagnóstico, pela médica que estava cuidando de mim, e disse ao Senhor que fizesse o que quisesse na minha vida; se aquela fosse a minha hora, que Ele me levasse, pois eu estava disponível para cumprir a vontade dele.

Algo que aconteceu neste período de doença foi o número de pessoas que se uniram para orar por mim e clamar pelos milagres. Quando o meu diagnóstico foi passado para Cachoeira Paulista, para a sede da nossa comunidade, Luzia Santiago, apresentadora de dois programas na nossa TV e que são transmitidos também pela Rede Canção Nova de Rádio – "Sorrindo pra Vida" e "O Amor Vencerá" – começou a convocar o povo a orar por mim, pois estava no hospital e em situação muito complicada. E um grande povo levantou-se em clamor pelo milagre na minha vida. Depois de uma semana internado, recebi alta do hospital, uma vez que tinha obtido uma melhora considerável e já estava fora de perigo. Então fui vendo o poder do clamor e da intervenção de Deus.

Já em casa, um amigo de São Paulo, médico, que foi me visitar, viu minha situação e alertou-me quanto aos riscos que eu ainda corria. Isto é, minha situação ainda era complicada e necessitava de muitos cuidados. Sucederam-se também dias muito difíceis em casa nos quais, em diversos momentos, passei por sensações de morte, mas fui aguentando, até que chegou uma madrugada em que pensei que iria morrer. Logo ao amanhecer, pedi à minha mãe e aos irmãos da comunidade que ligassem para a pneumologista que me acompanhava e relatassem sobre a situação em que eu me encontrava. A decisão da médica foi um retorno imediato ao hospital.

Assim, ao retornar ao hospital e mais uma vez ser examinado por ela, veio o diagnóstico final e a constatação de que em Palmas não haveria recursos para a minha situação e que eu deveria ser transferido de UTI aérea para São Paulo. Cheguei a São Paulo e fiquei internado no tratamento intensivo do setor de pneumologia do Hospital São Paulo. Fui muito bem tratado e acompanhado, mas confesso que aconteceu nesse tempo um grande clamor que subiu aos céus pelo milagre na vida do seminarista Roger Luis. Luzia continuou clamando nos programas de oração, os terços eram rezados na minha intenção, o Pe. Edimilson clamava pelo meu milagre nas Missas do Clube da Evangelização; enfim, o meu nome estava em todas as capelas das casas de Missão da Canção Nova e, em Cachoeira Paulista, faziam vigílias em meu favor, Cercos de Jericó, jejuns, pedindo o milagre na minha vida.

Como disse acima, Deus nos dá essa permissão: "pedi e vos será dado; procurai e encontrareis; batei e a porta vos será aberta. Pois todo aquele que pede recebe; quem procura encontra; e a quem bate, a porta será aberta". Sendo assim, os meus irmãos de comunidade exerceram o direito que tinham de pedir, de buscar e de bater, e colocaram uma grande multidão a clamar pela minha vida. Muitas orações subiram aos céus naqueles dias e muito clamor foi proferido pelo meu milagre naquele tempo de sofrimento e enfermidade. Meus amigos, minha família, pessoas que me conheciam de perto e outros que nem me conheciam se colocaram em intercessão, em clamor, pedindo o milagre.

Eu levava em meu pijama uma relíquia de São Padre Pio – pois sou devoto dele – no dia em que faria um exame que definiria o diagnóstico para verificar se o tratamento estava surtindo efeito. Pedi ao Pe. Pio que intercedesse por mim, para que eu fosse totalmente curado. No momento em que a maca foi entrando no aparelho, vi o Pe. Pio nos pés da maca e Nossa Senhora e Jesus na cabeceira, sorrindo para mim, e podia escutar milhares de anjos cantando naquela sala. Pensei comigo: ou estou morrendo ou a cura está acontecendo. Terminado o exame, vi que ainda estava vivo; portanto, subi para o quarto com a certeza da cura.

Na hora da visita, só podiam entrar duas pessoas. Assim, sempre eram minha mãe e alguma outra pessoa da nossa comunidade que me visitavam. Naquele dia, no entanto, foi o médico que entrou no quarto com os exames nas mãos dizendo: "Não sei o que aconteceu, mas você está totalmente curado, pode comprar a passagem de volta para Palmas, retomar sua faculdade e viver sua vida, tendo sempre cuidado com as pernas e a cirurgia, e tomando alguns remédios como precaução."

Só pude louvar a Deus, com toda a força da minha alma, e agradecer-lhe por cada pessoa que elevou suas orações aos céus, que ofereceu sacrifícios em meu favor, de cujo clamor chegou aos céus e o milagre aconteceu. Na música *Sou um Milagre*, que cantamos nas nossas missas e em orações de cura, diz assim:

> Nunca houve noite que pudesse impedir o nascer do sol e a esperança, e não há problema que possa impedir as mãos de Jesus de me ajudar. Haverá um milagre dentro de mim, vem descendo o rio pra me dar a vida, e esse rio emana lá da cruz ao lado de Jesus. Aquilo que parecia impossível, aquilo que parecia não ter saída, aquilo que parecia ser minha morte, mas Jesus mudou minha sorte, sou um milagre e estou aqui. Usa-me, sou o teu milagre, usa-me eu quero te servir. Usa-me, sou a tua imagem, usa-me oh Filho de Davi.

Sou fruto de um grande clamor por milagres que subiu aos céus quando estive doente; sou um milagre e Deus tem me usado verdadeiramente para formar um povo que clama pelos milagres e acredita que o Senhor pode todas as coisas; Ele é o Deus do impossível. Por isso, precisamos clamar sempre pelos milagres e experimentar todas as maravilhas que o Senhor quer fazer nas nossas vidas.

Devemos somente obedecer a direção que o próprio Jesus nos dá, a de pedir, de buscar e de bater. Creio ser esse o desejo de Deus para todos nós, que sejamos um povo que acredita sempre e busca sempre a resposta no Senhor, que tem coragem de erguer seus braços num grande clamor e esperar somente em Deus.

O livro do profeta Jeremias nos traz um texto muito interessante, por meio do qual podemos refletir sobre essa realidade do clamor pelos milagres. Esse texto fala da restauração messiânica e traz uma esperança muito grande ao nosso coração, um ânimo para a nossa fé; haja vista que Jesus Cristo é Senhor – o Messias prometido – que passou por essa terra trazendo grandes sinais, prodígios, milagres, e que continua, por meio do seu Espírito, operando grandiosos milagres, prodígios e sinais; como, também, tem usado muitos homens e mulheres para ministrarem a força do alto.

A palavra do profeta corrobora: "Assim diz o Senhor que faz, o Senhor que modela, o Senhor que põe de pé – seu nome é Senhor! Clama por mim, que eu te ouvirei e te mostrarei coisas grandiosas e sublimes, que tu não conheces" (Jr 33,2-3).

Há algo muito precioso nesta profecia de Jeremias e fica bem clara a afirmação do profeta quando revela o autor da profecia: Precisamos compreender a profundidade dessa proclamação, precisamos crer na força dessa proclamação, precisamos assumir a verdade dessa afirmação, o nosso Deus é o Deus que faz e faz tudo, realiza milagres, opera sinais, faz prodígios.

Isso é muito grande, pois essa certeza nos traz segurança, essa afirmação consola o nosso coração. O Deus a quem servimos faz, e faz sempre, quando clamamos, quando o buscamos com sinceridade, quando nos abrimos e damos oportunidade para que Ele faça. Faz em nossa vida, para nossa família, em nosso trabalho, na vida daqueles que pedem e suplicam. O nosso Deus está em constante movimento. Os gregos pensavam que Ele era como um motor imóvel, mas se enganaram. O nosso Deus está sempre se movendo em nosso favor, e todos temos acesso livre a Ele. Como afirma o Salmista: "Não deixará teu pé vacilar, aquele que te guarda não dorme. Não dorme nem cochila o vigia de Israel. O Senhor é o teu guarda, o Senhor é como sombra que te cobre e está à tua direita" (Sl 121,3-5). Ele trabalha constantemente a nosso favor. Por isso, peça que o Senhor faça em tua vida; creia que Ele pode fazer todas as coisas se tornarem possíveis.

Toda essa reflexão nos revela que é o Senhor quem faz e não os homens. Deus se utiliza dos homens para realizar a sua obra, mas não são os homens que realizam as obras de milagres, de curas, de sinais e de prodígios, e sim o próprio Deus, em favor do seu povo. Simplesmente porque Ele é "o Senhor que faz".

Outra afirmação que a palavra de Jeremias nos traz é a de que Ele é "o Senhor que modela" e tem todas as coisas em suas mãos. Foi Ele quem modelou o mundo, quem deu vida ao homem, que nos modelou no ventre das nossas mães. Fazemos uma linda experiência que é a do livre-arbítrio, pois

Ele nos fez livres e donos das nossas decisões. O Senhor não nos violenta nem nos agride, e sim respeita nossas opções. Muitas vezes, queremos resolver tudo por nós mesmos, e Ele nos deixa livres, mas quando recorremos a Ele e entregamos tudo em suas mãos, vemos que perdemos tempo em querer caminhar sozinhos em nossas lutas, dificuldades e problemas do nosso cotidiano.

Algo importante precisa ficar claro para todos nós: o Senhor só modelará a nossa vida, se colocarmos em suas mãos aquilo que realmente precisa ser modelado. Nós é que temos que colocar nas mãos de Deus a matéria-prima para que Ele mesmo a modele, criando o molde que Ele deseja. Sendo assim, devemos nos questionar se entregamos de verdade aquela situação complicada nas mãos do Senhor, se realmente colocamos nas mãos do Senhor o nosso impossível, o milagre de que necessitamos. Temos que clamar pelos milagres, acreditando que Ele pode modelar todas as coisas colocadas em suas mãos. Só o Senhor pode todas as coisas, mas é necessário que entreguemos tudo em suas mãos, sem querer tomá-las de volta, pois o nosso Deus pode todas as coisas.

Uma vez que Ele é um Deus que modela todas as coisas, temos que permitir que Ele modele o nosso comportamento moral, as nossas decisões e opções, bem como as nossas conversas e todos os demais aspectos de nossa vida, pois de nada adianta o milagre acontecer para continuarmos as mesmas pessoas, vivendo uma vida distante do projeto de Deus. Que o Senhor, nesta maravilhosa característica de modelador, possa fazer de nós pessoas decididas pela santidade, pela verdade, pelo que é certo. O milagre não nos dá garantia de céu; mas a vida reta, vivida segundo a palavra e os mandamentos de Deus, nos garante o céu. Que o Senhor possa nos plasmar cada vez mais para o céu e nos modelar segundo seu coração.

Sempre fico muito preocupado quando rezo pela cura das pessoas e peço que o Senhor opere milagres e grandes maravilhas, porque sinceramente o que mais me interessa em relação às pessoas por quem oro é que elas experimentem o Senhor e se entreguem a Ele para viverem uma vida nova. Fico receoso que as pessoas experimentem o milagre e voltem a viver uma vida velha, no pecado, fora do caminho de Deus. A enfermidade aproxima muitas pessoas de Deus e as coloca abertas à ação da graça. Penso que é melhor a pessoa não ser curada e continuar com Deus, nos caminhos do Senhor, na oração, na retidão moral e comportamental, do que ser curada e mergulhar no pecado, colocando em risco a salvação. Não adianta o milagre acontecer e a pessoa em questão não ser evangelizada e ter a vida transformada. É preciso deixar o Senhor modelar e mudar todas as coisas. Nosso Deus é "o Senhor que modela".

Uma outra característica de Deus que essa profecia nos traz é a seguinte: "O Senhor que põe de pé". Esta palavra nos traz segurança e conforto, pois em diversas circunstâncias caimos mesmo, ficamos desanimados, somos tentados a não acreditar, a deixar de lado o que estamos buscando.

O nosso Deus nos põe de pé! Para quê? Ele nos põe de pé para clamarmos aos céus pelo milagre que buscamos; para animarmos aqueles que estão desanimados e caídos, para enxergarmos além daquilo que vemos, pois quando estamos caídos nossa visão é limitada, e só olhamos para baixo, para os problemas e não conseguimos acreditar que seja possível alguma mudança e intervenção do alto. Quando estamos de pé, ao contrário, vemos com mais clareza, temos um norte, podemos olhar em todas as direções. Deus não nos fez para ter uma visão limitada ou enxergar somente o chão, Ele nos fez para termos uma visão completa e entendermos que Ele está do nosso lado a todo instante, e não nos deixará caídos.

O nosso Deus é como aquele pai da parábola do Filho Pródigo. O filho pediu a herança, abandonou o pai, gastou com prostitutas, com farras, perdeu tudo, ficou caído no chão, sem visão, a ponto de estar cuidando de porcos e ter desejos pela comida dos porcos, mas lembrou-se do pai, de sua casa, de que até os empregados eram melhor tratados do que ele naquela circunstância. Decidiu-se por voltar e pedir perdão ao pai. Ainda estava na estrada e o pai já o tinha avistado e ido em sua direção para abraçá-lo, beijá-lo, limpá-lo da sujeira do chão em que ele estivera caído, dar roupa nova, anel novo, sandália nova, para devolver a autoridade de filho, para que ele voltasse a ter visão e a enxergasse além. Deus é assim, está sempre esperando que voltemos para Ele, está do nosso lado quando caímos para nos colocar de pé, é um motivador quando somos tentados a desistir de tudo e não temos forças para clamar a Ele. Pois o nosso amado Deus é "O Senhor que põe de pé".

Se você está caído, deixe o Senhor levantá-lo; se está desanimado, deixe-o animá-lo; se não tem forças para lutar, para clamar pelo milagre, deixe-o fortalecê-lo, pois Ele quer colocá-lo de pé, quer levá-lo a experimentar a vitória, quer abrir sua visão e fazer com que você enxergue além; o nosso Deus quer tirá-lo da situação que tem limitado a sua visão e dar-te visão sobrenatural.

Quando Moisés chegou diante do mar e olhou para traz, viu o Faraó e seu exército avançar para abater o povo de Deus. Ele poderia ter caído e se rendido, mas teve visão além daquilo que estava enxergando com seu olhar humano. Acreditou em Deus, já vislumbrou com os olhos dá fé o mar aberto e orou a Deus de pé, pois confiava no Senhor; e, então, sabe o que aconteceu: o mar se abriu e o povo passou a pé enxuto, enquanto o exército do Faraó, com seus carros e cavalos, se afogou no mar. Deus quer que estejamos de pé, para enxergarmos além e vermos que o nosso Deus pode tudo. Posto isso, não podemos desistir, mesmo quando tudo parece não dar certo e não ter jeito. Deus está conosco. Ele é vencedor, Ele é o Deus do impossível, o Deus de milagres, e sabemos que Ele tem o melhor para nós; a vontade de Deus é o melhor para cada um de nós.

Não há dúvidas de que Deus tem colocado de pé um grandioso povo. Ele tem formado esse povo para o clamor e levantado homens e mulheres fracos para serem fortes no poder da oração, a fim de buscar, diante de Deus, a resposta para caminhar em vitória; e sobremaneira, para serem profetas nestes tempos tão difíceis e tão atribulados e contagiar muitos com a fé e com o poder da oração.

Quero motivá-lo, neste momento, a não se deixar abater pelas más notícias, a não se abalar pelos diagnósticos médicos, não se contagiar pelo negativo das pessoas, nem pelo desânimo, porque o Senhor – nosso Deus – te colocará de pé, para que faça a diferença no meio desta sociedade. Você está de pé pelo poder do Senhor, para estar também de braços levantados e, muitas vezes, de joelhos dobrados para experimentar o poder da oração e da vitória, para experimentar os milagres do Senhor.

Partilho agora o testemunho de um pai de família que não desistiu diante de diagnósticos, diante dos desafios e da previsão médica, e que junto com sua esposa acreditou até o fim, experimentando o poder de Deus.

TESTEMUNHO:

Recebi o testemunho de um esposo cuja mulher sofria de síndrome do pânico (em estado gravíssimo) e de como o Senhor operou sua cura através das orações cotidianas, que eram incessantes e incansáveis. Ele ressaltou os programas da TV Canção Nova e, de modo especial, a Missa do Clube da Evangelização, às quartas-feiras, através da qual, em 2007, ela tomou posse da cura. Já curada, mas fragilizada emocionalmente a esposa, embora desejando muito engravidar, tinha medo. No entanto, por meio da confirmação de sonhos e por palavras bíblicas, esse casal sentiu o poder de Deus. A partir de então, decidiram ter a criança tão desejada, com a certeza de que tudo daria certo. Em junho de 2008, ficaram grávidos. No quarto mês de gravidez, na primeira ecografia emergiu o diagnóstico de uma grave enfermidade no bebê (hidropsia fetal, deficiência da parte linfática com retenção de líquido, derivada da má formação genética), ou seja, na ecografia, o bebê aparecia todo inchado na nuca, abdômen e restante dos membros e, segundo a médica, com remotíssimas possibilidades de sobrevida (99,9%). Ademais, de acordo com o que a médica afirmou, provavelmente, a mãe teria um aborto espontâneo em no máximo três semanas, logo após aquele diagnóstico. Este esposo declarou ter comprado um livro sobre um testemunho de muita fé, de Neil Velez ("Por suas chagas fomos curados"), que o motivou, na fé, a continuar acreditando no poder de Deus. Então, afirmando que aquele diagnóstico era uma mentira do demônio, ele e sua esposa proclamaram, com toda a força da alma, que pelas chagas de Jesus o bebê seria curado. Algo que ele testemunha e que está dentro daquilo que estamos partilhando, neste capítulo, é a atitude que eles tiveram de levar a notícia do diagnóstico aos amigos, familiares e grupos de oração da Renovação Carismática Católica, para rezarem e clamarem juntos por aquele grandioso milagre.

Foi um grande clamor levantado em favor daquela situação; muitas palavras de cura e benção foram lançadas sobre aquele diagnóstico e aquela situação, e receberam de Deus uma palavra bíblica, a ressurreição da filha de Jairo, que está em Marcos 5, acreditando, então, que o bebê seria uma menina e que se chamaria Talita, pois foi a palavra usada por Jesus – Talita Cum (Menina levanta-te). Assumiram, juntos, a cura do bebê, assumiram a força de vida e não de morte, declararam pela fé que o bebê seria curado. Três semanas depois voltaram à médica, que perguntou se já havia ocorrido o sangramento e o aborto espontâneo; eles disseram que não, graças a Deus, ao contrário disso, eles – ainda com o coração nas mãos, diante da complexidade da situação – explicaram que, na verdade, o bebê estava se mexendo muito. Ao iniciar a nova ecografia a médica constatou que era uma menina; isto já era uma confirmação da palavra que tinham recebido; e a médica concluiu que 95% do inchaço tinha desaparecido do corpo, restando apenas uma pequena parte na nuca. Constatou que o bebê estava em condições perfeitas de saúde, contudo, tinha a possibilidade de nascer com Síndrome de Down ou de Turner. Isso não os desanimou, louvaram muito a Deus pelo que Ele já tinha feito e lançaram-se com mais fé ainda na presença de Jesus em oração. Numa quarta-feira, acompanhando pela TV a Missa do Clube da Evangelização, disseram que eu proclamei que Jesus estava libertando uma criança no ventre de sua mãe e esta criança tinha um problema grave,

> e que a mãe estava de joelhos rezando com a mão na barriga. Eles testemunham que agarraram aquela benção, aquela proclamação, e assumiram a cura completa do seu bebê. Deram ao bebê o nome de Talita, pois o mesmo Jesus que tinha curado a filha de Jairo, poderosamente visitou a filha deles. A menina Talita nasceu no dia 2 de março de 2009, saudável, e como eles mesmos disseram, com uma marca, a marca do milagre – uma sobra de pele na nuca para provar que Jesus fez aquela maravilha na vida do bebê, que está forte e saudável. Junto com eles, estou agradecendo a Deus por este milagre que foi fruto de um grande clamor elevado aos céus, pelos familiares e amigos.

Só posso dar louvores a Deus e dizer-lhe que precisamos crer em milagres. Temos o direito de pedi-los, porque nosso Senhor é "o Senhor que faz, o Senhor que modela, o Senhor que põe de pé". Não se deixe abater, recorra sempre ao Senhor e Ele o colocará de pé, peça que Ele modele sua fé e faça a vontade dele em sua vida.

A palavra do profeta Jeremias traz uma grande promessa de Deus: "Clama por mim, que Eu te ouvirei e te mostrarei coisas grandiosas e sublimes, que tu não conheces". Deus chama o seu povo ao clamor. Está muito claro aquilo que o Senhor quer que façamos – clamar por Ele –, pois só Ele pode mudar as situações, operar milagres, agir na natureza, ressuscitar os mortos, curar todas as enfermidades, libertar dos demônios, eliminar os traumas, devolver o sentido aos que perderam o sentido de viver. O nosso Deus pode curar a depressão, retirar o pânico da vida de seus amados filhos, vir em socorro dos casamentos que estão em crise; só Ele pode arrancar as pessoas das drogas, do alcoolismo, da prostituição, do adultério e de todos os outros vícios. Esse é o chamado de Deus para todos nós: "Clama por mim".

No Salmo 3, vemos a oração que o Salmista faz diante de Deus:

> Ó Senhor, como são numerosos meus adversários! São muitos os que se erguem contra mim; muitos dizem a meu respeito: "Deus não lhe dará a salvação!" Mas tu, ó Senhor, és a minha defesa, és a minha glória, tu que ergues a minha cabeça. Quando com minha voz eu invoquei o Senhor, Ele me respondeu do seu santo monte (Sl 3,2-5).

Isso é um testemunho motivador para todos nós, pois vemos na oração feita pelo Salmista que ele estava sendo tentado por pessoas que o circundavam para desistir daquilo que pedia a Deus. Assim, o Salmista dirige a oração ao Senhor afirmando que Ele é a sua defesa, a sua glória e que não o deixe baixar a cabeça, assumindo, com toda a força da sua fé, que Deus responde ao clamor feito com a voz forte.

O significado de clamar no *Dicionário de Língua Portuguesa Michaelis* é "orar com voz alta". Creio que é muito importante a oração vocálica, por meio da qual vamos apresentando, diante do Senhor, as nossas intenções. É bom expressarmos com a voz o desejo de nossa alma pela intervenção do Senhor, depositar nele nossa inteira confiança, demonstrando a esperança de que Ele fará o melhor para cada um de nós.

Na Canção Nova, temos como regra de vida a oração carismática que envolve toda a comunidade uma vez por semana. Isso acontece em cada casa fraterna, e oramos com muito fervor, colocando em comum as nossas intenções pessoais, comunitárias, e vivendo com muita intensidade esta prática de oração vocal. De fato, a Renovação Carismática Católica tem resgatado muito este modo de oração dentro da nossa Igreja, o que é muito positivo. Em nossa experiência de oração, na comunidade, temos obtido muitos milagres, isto é, o Senhor tem respondido ao nosso clamor. Oramos em voz alta, oramos com fervor, esperamos em Deus, confiamos a Ele toda a nossa vida e todas as nossas intenções.

Nesse sentido, às terças-feiras, celebro para a Comunidade Canção Nova uma missa que nomeei de Missa dos Combatentes, na qual nos colocamos realmente em combate diante das realidades que precisam de intercessão na Canção Nova. Vivemos da providência, crendo que é Deus quem tudo faz, realiza e responde ao nosso clamor; por isso, nos reunimos para orar. E que experiência maravilhosa temos feito com o Senhor! Como Ele tem trabalhado em nós e em toda a comunidade! Muitas vezes, passamos longos tempos sem observar a ação de Deus sobre aquilo que clamamos, que suplicamos, porém, é preciso acreditar que o Senhor ouve nosso clamor, muitas vezes, com gemidos, entre lágrimas, gritando por Ele. Então, como o Salmista, dizemos a Deus – "és a nossa defesa, és a nossa glória, tu ergues a nossa cabeça" –, sempre acreditando que o nosso Deus é Deus de milagres.

Na profecia de Jonas, vemos que Deus mandou o profeta até a cidade de Nínive denunciar as injustiças e declarar que em quarenta dias a cidade seria destruída por causa do pecado. Imediatamente, todo o povo se penitenciou, fazendo jejuns e súplicas ao Senhor, além disso, clamou em alta voz, buscando a face de Deus, sem desistir diante daquilo que Jonas, em nome de Deus, foi proclamar sobre a cidade, e, sobretudo, o povo acreditou que pelo clamor da oração e pela busca de conversão tocaria no coração do Senhor, mudando toda sentença decretada contra eles. A palavra de Deus confirma que foi exatamente isso que aconteceu: "Deus viu o que eles fizeram e como voltaram atrás de seus caminhos perversos. Compadecido, desistiu do mal que tinha ameaçado. Nada fez" (Jn 3,10). Dessa forma, precisamos clamar e acreditar no que o Senhor é capaz de fazer: mudar a história e reverter situações que aparentemente são irreversíveis.

Sem dúvida o Senhor é capaz de mudar uma nação pelo clamor de seu povo, que se dobra reconhecendo-o como Senhor de todas as coisas, poderoso para transformar todas as realidades e que jejua, clama, faz vigílias, ora sem cessar. Deus é capaz de mudar estados, cidades, bairros, famílias, pelo poder da oração e de nosso clamor. Não há dúvidas, também, de que o diabo quer calar a voz dos profetas e tenta nos desanimar na oração. Onde estão as vigílias? Onde estão os grupos de clamor, de poder, de intercessão? Onde estão os estádios lotados como nos inícios da Renovação? O nosso inimigo vem tentando nos calar, porque sabe que quando um povo se levanta em clamor, em oração, em intercessão, as comportas dos céus se abrem e os milagres começam a se multiplicar, as vitórias acontecem, as vidas são transformadas, conversões emergem extraordinariamente, cidades são sacudidas pelo poder do Espírito, as nações podem ser transformadas e varridas no poder de Deus, a violência diminui, os vícios são vencidos. Não podemos parar, temos que voltar a clamar com toda força de decisão, todo empenho, com toda vontade em nosso coração. Esse é o chamado de Deus: "Clama por mim". Ele é a resposta para todas as situações.

TESTEMUNHO:

Na minha cidade natal, Itaperuna-RJ, por inspiração de Deus surgiu uma comunidade que, na sua estrutura, é composta por jovens, sendo esses renovados pelo poder do Espírito Santo, chamada "Trindade Santa". E o próprio Senhor inspirou no coração de uma das cofundadoras da comunidade, que já é mãe, um projeto chamado "Rede Santa Mônica de Intercessão", que tem se espalhado por toda aquela região. Esse projeto motiva as mães a se reunirem em oração, em intercessão, em clamor, pela vida dos seus filhos. Toda a condução é para que as mães não desistam de seus filhos, mesmo que tudo indique o contrário. É certa a ação de Deus: quando todos dizem não ter jeito, Deus age tornando possível, faz aquilo que para todos seria impossível se tornar possível. Nosso Deus é de contradição. Ele sempre desafiou as leis da natureza, basta lembrarmos que Jesus caminhou sobre as águas, desafiando as leis da gravidade, para dizer: "Eu sou Senhor da gravidade". Basta lembrarmos que Ele mandou a tempestade silenciar, para dizer: "Eu sou Senhor do tempo". Tudo é dele e para Ele. Temos que confiar nessa verdade, e proclamarmos que Ele está acima de tudo e de todos. E essas mães que se reúnem nesse projeto para orar levam as fotos dos filhos, escrevem seus pedidos e súplicas as quais colocam dentro de uma cesta diante do altar, do Santíssimo, e num grande clamor de oração os apresentam a Deus. De fato, não poderíamos deixar de ressaltar quantos milagres temos testemunhado, quantas vidas alcançadas, filhos curados, libertos das drogas, jovens voltando-se para Deus e para a Igreja. É lindo ver essas mães com esperança no olhar diante do Senhor, como é lindo ver lágrimas sinceras, rolando dos olhos de muitas mães, lágrimas de um profundo amor por seus filhos, lágrimas de dor, mas uma dor que, pela oração, tem se transformado em dor de parto de filhos e filhas renovados no poder do

Espírito Santo. Uma vez, escutei o testemunho do que o Senhor fez na vida de uma jovem pela intercessão da mãe. Essa jovem estava afastada da Igreja, vivendo uma rebeldia terrível em casa. Numa noite sua mãe foi para a Rede Santa Mônica e a filha ficou em casa, na sala. A mãe disse que iria orar por ela na Igreja, e a filha fez chacota com a mãe: "reze mesmo que vou estar aqui esperando a oração". Ficou na sala e a mãe foi para a Igreja. Essa mãe testemunhou que apresentou com muita fé a foto da filha naquele grande clamor, e a filha em casa começou a sentir muitos arrepios e lembrou-se de que a mãe estava orando por ela na Igreja, ficou com medo, pegou o terço e ficou quietinha na sala, quando percebeu, foi tomada pelo poder do Espírito Santo e caiu no chão da sala em Repouso no Espírito. Quando a mãe chegou em casa, a filha estava ainda repousando no Espírito na sala, e despertou naquela noite do repouso totalmente transformada por Deus. Aquela rebeldia desapareceu, e essa filha de Deus voltou com toda a força a participar da Igreja. Tudo isso pela oração de uma mãe que levou a sério o clamor, que não desistiu diante das dificuldades. Só precisamos crer e orar com toda a força do nosso ser, acreditando que o Senhor nosso Deus pode todas as coisas. Tenho a graça de ter uma mãe de oração, de clamor e de intercessão; minha mãe participa do núcleo da Rede Santa Mônica de Intercessão. Certamente muito do que sou hoje é fruto dos clamores, das orações e intercessões da minha mãe. Deus tudo pode!

A profecia de Jeremias ainda nos traz outra grande promessa: "que eu te ouvirei e te mostrarei coisas grandiosas e sublimes, que tu não conheces". O Senhor nos convida a clamar por Ele e nos faz essas lindas promessas. Ele nos ouvirá em nossas orações, intercessões e clamores. É o próprio Deus que afirma nesta palavra profética de Jeremias, primeiramente, direcionada ao povo de Israel – que não tinha muita esperança por estar longe da sua terra, mas que, a partir dessa proclamação, recobra as esperanças messiânicas – e a nós também no dia de hoje. Só precisamos acreditar que ela se cumprirá na nossa vida.

No segundo livro das Crônicas, o Senhor faz a mesma promessa quando escuta o clamor que é elevado a Ele: "se então o povo sobre o qual for invocado o meu nome se humilhar, orar, me procurar e se converter de sua má conduta, eu escutarei do céu, lhe perdoarei o pecado e restituirei a saúde à terra. Meus olhos estarão abertos e os ouvidos atentos à oração feita neste lugar" (2Cr 7,14-15). O Senhor se dirige a Salomão referindo-se à Casa que o rei construiu para Ele, mas creio que o nosso amado Deus escuta a oração que todos nós elevamos a Ele. Precisamos crer, buscar o Senhor e ter sempre a consciência da necessidade de vivermos uma vida de santidade, uma vida reta, digna, de pessoas que fizeram uma experiência com o Deus de milagres, e não simplesmente como pessoas que buscam os milagres de Deus, sem querer comprometer-se com Ele, com a palavra, com os mandamentos e com uma vida radical de santidade. Não dá para aceitar Jesus, buscá-lo, sem aceitar a Igreja, pois o Senhor está intimamente ligado a ela, à experiência eclesial. Existe uma forma de pensamento – *New Age* – presente no nosso tempo que diz que não precisamos da Igreja, nem é necessário frequentá-la, podendo-se orar em casa. Essa não é a mentalidade de Cristo, que declarou Pedro rocha, pedra, e sobre esta pedra, proclamou Ele, edificaria a sua Igreja.

Temos que ter a certeza da nossa opção por Deus, do nosso compromisso com o Senhor. Estamos num tempo em que muitas pessoas procuram milagres a todo instante e a todo custo. Não há problemas em procurar os milagres de Deus, pois Ele nos permite isso, porém, o que acontece é que muitas pessoas só querem os milagres, sem a intenção de se comprometerem com o Senhor, com uma vida justa, fiel, santa, na verdade da palavra, com os mandamentos, com a sã doutrina da salvação. Observa-se, por todos os lados, grandes multidões em busca de milagres, de homens que são usados pelo Senhor na obra de milagres, de novenas, de correntes de oração, mas que não se comprometem definitivamente com Deus.

É muito questionável a autenticidade de alguns que pregam esses milagres, mas que não anunciam a vida nova e não incentivam explicitamente isso. O Salmo 34 nos diz: "Os olhos do Senhor estão voltados para os justos, seus ouvidos atentos a seu grito de socorro. O Senhor afasta dos maus o seu rosto, para cancelar da terra a lembrança deles. Os justos clamam e o Senhor os ouve, salva-os de todos os perigos" (Sl 34,16-18).

Não basta somente o milagre, é preciso que vidas sejam salvas e entregues a Deus. O milagre pode ser até mesmo a isca para atrair as pessoas para que as mesmas sejam tocadas pelo Senhor e recebam vida nova, com a transformação completa de suas vidas, ou para que deixem os vícios, a vida fútil e vazia, de mentiras, de corrupção, de apego somente ao material e optem pelo Senhor. Existe uma condição para que o Senhor ouça a oração e o clamor que é elevado a Ele: "Os olhos do Senhor estão voltados para os justos, seus ouvidos atentos a seu grito de socorro"; é preciso ser justo.

Talvez você até me questione sobre a ação de Deus, pois a própria palavra diz que o Senhor não faz acepção de pessoas, haja vista que o próprio Jesus faz essa afirmação no Evangelho: "pois Ele faz nascer o sol sobre os maus e bons e faz cair a chuva sobre justos e injustos" (Mt 5,45). O Senhor pode até operar na vida de um infiel, porém, Ele faz para mudar totalmente aquela vida, para trazer aquela pessoa para perto dele, para que tal pessoa alcance a salvação entregando-se inteiramente nas mãos do Senhor. O grande interesse do nosso Deus é a nossa salvação; o resto é acréscimo.

A vida que vivemos hoje um dia vai passar; assim, a glória de Deus na eternidade dependerá muito das nossas opções e decisões. O Senhor quer a salvação todos, mas não vai obrigar a salvação a ninguém, pois a decisão é pessoal. Ele nos atrai, opera milagres para conquistar pessoas afastadas, faz coisas extraordinárias com o intuito de ganhar o maior número possível para o céu, mas tudo dependerá expressamente de cada um. Jesus já fez a parte dele, agora quer que façamos a nossa; por isso nos dá a liberdade de clamarmos por milagres. De fato, muitas pessoas têm se voltado para a Igreja e para Deus porque foram profundamente tocadas e agraciadas pelos milagres: famílias inteiras convertidas por causa de uma obra de cura e de milagres realizada pelo Senhor em alguém da casa. Quantos jovens têm deixado a vida mundana e pecaminosa atraídos pelo poder de Deus. O Senhor tem agido poderosamente na sua Igreja; as pregações têm sido seguidas de grandes milagres; aqui na Canção Nova recebemos muitos testemunhos todos os dias. Só podemos glorificar a Deus e bendizer Seu Santo Nome, por tantas vidas salvas e tantos irmãos e irmãs restaurados. Com certeza, você é um deles.

O que não pode acontecer conosco é uma acomodação, um estágio de desânimo ou, ainda, permitir que sejamos abatidos pelo cansaço e pelo tempo. Deus é muito concreto na profecia de Jeremias: "te mostrarei coisas grandiosas e sublimes, que tu não conheces". Há uma preciosa promessa do Senhor, contida nessas linhas, que nos impede de parar de clamar, que não nos permite desanimar, e até mesmo envelhecer, pois nosso Deus sempre é novo, nunca envelhece.

O Senhor promete, mostrando-nos coisas grandiosas e sublimes; ou coisas profundas, magníficas, extraordinárias, gloriosas. Poderia encher essas páginas de palavras fortes que indicam o que Ele quer nos mostrar, mas é necessário ficar bem claro para todos que nosso amadíssimo Deus é fiel e cumpre todas as suas promessas. Deus quer nos mostrar coisas grandiosas e sublimes; não obstante, precisamos nos questionar se realmente queremos ver essas tais coisas. Se chegarmos à conclusão de que sim, então, teremos que clamar muito mais do que já clamamos. Se queremos de verdade, precisamos voltar a realizar vigílias nos nossos grupos; precisamos buscar o Senhor nos Cercos de Jericó e persistir para que aconteçam da maneira como foram inspirados, ou seja, sete dias e seis noites de adoração ininterruptas; precisamos instituir grupos de mães que orem pelos seus filhos, grupos de homens que intercedam pelas necessidades familiares; precisamos reavivar nossos grupos e pastorais, como também motivar nossa família à oração. Família que ora é família que experimenta milagres e que não abre brechas para a entrada do inimigo. É raro se ouvir dizer de casos de drogas, de prostituição, de divórcio e tantas outras realidades duras acontecerem dentro de uma família que clama a Deus, unida. Passam por dificuldades, mas não são vencidos; Deus sempre vence.

O que não podemos é ficar de braços cruzados; devemos, sim, levantá-los em clamor, intercessão e louvor, dobrando também nossos joelhos diante do Senhor em oração e esperando a resposta do nosso clamor. A promessa vai se cumprir e Deus nos mostrará coisas grandiosas e sublimes.

Talvez, muitas pessoas digam que já experimentaram e vivenciaram tudo na vida com Deus, que já viram de tudo na

Igreja e no movimento do qual participam, mas sinceramente se alguém se encontra assim, não experimentou o Senhor, pois sua ação, no meio do seu povo, é inesgotável. Por isso, na promessa da profecia de Jeremias, Ele diz que nos mostrará coisas que não conhecemos. Na verdade, como já elucidei anteriormente neste livro, o conhecer bíblico não é algo apenas intelectual, mas significa, sobremaneira, vivenciar uma experiência. O clamor renova nossas forças; de fato, clamar pelos milagres de Deus nos leva sempre a experimentar coisas novas e nos coloca diretamente em contato com o Senhor e com o céu. Portanto, clame, espere, busque a Deus com todo o seu coração e sua força. Por meio do clamor muitos serão renovados. O profeta Isaías vai confirmar tudo isso dizendo: "Mas os que esperam no Senhor, renovam suas forças, criam asas como águia, correm e não se afadigam, andam, andam e nunca se cansam" (Is 40,31).

Quem espera ganha muito de Deus; assim, precisamos de coragem para esperar somente nele, ter nossas forças renovadas, nossa esperança restaurada, criar asas para olharmos de cima, com visão espiritual, o combate que enfrentamos e enxergarmos, mesmo no escuro, a vitória que o Senhor tem para nós. "A esperança não decepciona", precisamos crer e, nessa espera, sermos revigorados todos os dias, pois é no Senhor que estão o nosso alívio e descanso. Não podemos desistir do nosso combate, nem desanimar diante das tribulações, uma vez que a nossa força e socorro estão no Senhor – nosso amado Deus. "Quem confia no Senhor é como monte Sião:

não vacila, está firme para sempre" (Sl 125,1). Glória a Deus por isso, aleluia!

Tenho orado muito e confiado sempre no Senhor; tenho pedido e esperado a manifestação de Deus em grandes milagres. Geralmente, não peço por mim, e sim pelas pessoas, pelo povo de Deus, por quem me compadeço tanto pelos seus sofrimentos e suas lutas. Acredito piamente num Deus que opera grandes milagres; não nego a Cruz e prego a Cruz de Cristo – sinal de salvação, lugar de sacrifício –, também lugar de vitória. Na Cruz de Cristo está a fonte de milagres e de prodígios; nas chagas de Cristo, chagas de amor, estão os milagres, as curas. São Pedro nos afirma com toda certeza do seu coração: "Carregou nossos pecados em seu próprio corpo, sobre a cruz, a fim de que, mortos para os pecados, vivamos para a justiça. Por suas feridas fostes curados" (1Pd 2,24).

Nas minhas peregrinações à Terra Santa, tenho tido muitas e lindas experiências com o Santo daquela terra – Jesus. Nesse contexto, quero ressaltar uma experiência compartilhada com Prado Flores – um irmão muito querido, residente no México, versado na pregação, na oração, com muitos livros já publicados, fundador da Escola Santo André de Evangelização e, também, bastante experiente no ministério de cura; haja vista que trabalhou em encontros de cura com o conhecido Pe. Emiliano Tardif. Na Basílica do Santo Sepulcro, em Jerusalém, partilhávamos as maravilhas de Deus e ele me disse:

> Padre Roger, estive agora na capela de Santa Helena e lá Jesus me deu uma grande inspiração. A cruz não é somente sofrimento, a cruz é fonte de curas e de milagres, lugar de manifestação poderosa de Deus. Estava em oração nessa capela e pude experimentar esse poder grandioso do Senhor. Não há dúvidas de que a cruz é realmente lugar de morte, lugar de salvação, lugar onde o amor chegou ao extremo, mas, hoje, aqui fiz essa experiência com a força curadora da cruz.

Dei glória a Deus, pois é a mesma visão que a minha e pôde ser partilhada de uma forma mais aprofundada, através daquela revelação vinda ao coração do Prado Flores. No que se refere à Santa Helena – mãe do Imperador Constantino, de Roma –, primeiramente se converteu ao cristianismo e conseguiu, posteriormente, a conversão do próprio filho, que era perseguidor do cristianismo. Helena sempre teve fama de santidade. Logo após a conversão, o Imperador Constantino, no ano 313 d.C., com o Edito de Milão, proclama o cristianismo a religião oficial do Império Romano: (de perseguido, o cristianismo torna-se religião oficial) obra de Deus, intervenção do céu. Helena, apoiada pelo filho, foi em peregrinação à Terra Santa para dedicar-se à identificação dos locais onde aconteceram os principais momentos da vida de Jesus, empenhando-se também na restauração desses lugares santos. Mandou construir a Basílica da Natividade em Belém, onde Jesus nasceu, como também a Basílica do Santo Sepulcro, que abarca o sepulcro de Jesus e também o gólgota, ou seja, o Monte Calvário, onde o Senhor foi crucificado. Encontrou perto do gólgota, um lugar cheio de cruzes, pois a crucificação era comum naquela época, um tipo de pena de morte aplicada aos condenados. Ela pensou em como encontrar no meio de tantas cruzes a de Jesus. Inspirada pelo Espírito de Deus, mandou trazer vários enfermos. Estes, ao tocarem na cruz verdadeira, ou seja, na cruz de Cristo, foram imediatamente curados de uma forma milagrosa; assim, por essa maravilhosa experiência, Santa Helena pôde constatar qual era a verdadeira cruz de Cristo.

Assim, Prado Flores partilhou comigo ali na Basílica do Santo Sepulcro essa linda experiência e, também, por isso, todas as vezes que vou a essa Basílica, faço questão de levar os peregrinos à capela de Santa Helena, onde a cruz foi encontrada, e orar pela cura do povo, pedindo a intervenção de Deus e suplicando que os milagres aconteçam naquele momento: "Por suas feridas fostes curados" (1Pd 2,24). A cruz é fonte de milagres e prodígios.

Diante de tantos sinais, precisamos continuar suplicando a Deus sua intervenção em nossas vidas, em nossas famílias, e no que nos apresenta como impossíveis. Temos que acreditar, pois nossa fé nos dá essa garantia, a palavra de Deus atesta, o Evangelho confirma toda a ação do Senhor, todo o milagre que Deus operou na vida daquele povo e continua a operar em nossas vidas. Basta crermos e clamarmos pelos milagres.

Temos que abrir o coração e dar passos em direção ao Senhor, pois é Ele quem faz, quem realiza e intervém.

No Evangelho, há um fato que pode servir de exemplo: quando os discípulos de Jesus estavam em alto mar e foram atingidos por uma forte ventania e grandes ondas que se lançavam dentro da barca onde estavam, o medo tomou conta do coração deles, então ficaram apavorados, inseguros, desesperados. O texto diz que Jesus dormia na parte de trás do barco. Assim, nesse sentido, talvez pareça que Jesus esteja dormindo enquanto você vive uma situação; provavelmente, a ventania e as ondas estão ficando cada vez mais fortes em sua família, na situação da sua saúde ou da sua condição financeira a ponto de ter a sensação de que não aguentará. Possivelmente, você já está apavorado, com medo, inseguro, e a sensação terrível é de que Jesus está dormindo, que não escuta o seu clamor e que o milagre não virá. Os discípulos também viveram isso. Digo a você, não desista, não pule do barco, não pense que a resposta, a solução está em homens, não volte atrás, permaneça com o Senhor e, pelo seu clamor, desperte Jesus para a sua realidade. Estas foram as atitudes dos discípulos, que acordaram Jesus e disseram-lhe: "Mestre, não te importa que estejamos perecendo?" (Mc 4,38).

Eles poderiam ter pulado do barco, e até mesmo deixado a coisa acontecer e aceitar as circunstâncias, correndo um risco iminente de morte; porém, mesmo com medo, eles se aproximaram de Jesus, inseguros, e acordaram-no questionando. Diante das circunstâncias da sua vida você deve agir e caminhar em direção a Jesus pela oração e pelo clamor, pedindo a intervenção e suplicando que Ele mude a situação, pois só Ele tem a resposta, só Ele pode mudar a sua realidade e fazer o milagre acontecer.

Foi exatamente o que Ele fez no episódio acima do Evangelho, levantou-se e repreendeu o vento e o mar: "'Silêncio! Cala-te!' O vento parou, e fez uma grande calmaria" (Mc 4,39). Tal calmaria apenas pode ser promovida por Jesus, mas é preciso confiar a Ele tudo, sem colocar reservas. É necessário sempre buscá-lo de todo o coração e ter a coragem de elevar ao Senhor o louvor, a adoração, a súplica, a ação de graças, sem medo de pedir, de suplicar, de interceder, esperando sempre o mover de Deus.

Algo importante deve ser compreendido nesse evento acontecido com os discípulos, pois nos traz um grande ensinamento para os momentos difíceis, que batem à nossa porta quando menos esperamos. Jesus estava com os discípulos naquela tormenta, portanto não estavam sozinhos, mas agiram como se estivessem, ou como se o Senhor não tivesse se importado com a dificuldade que vivenciavam. O que foi mencionado acima sobre despertarmos Jesus pelo nosso clamor e pela nossa oração é ratificado, mas temos que crescer em esperança e fé, com a presença do Senhor em nossa vida, o que faz uma imensa diferença. Mesmo que a tempestade esteja forte, as ondas se agitem muito e o vento sopre com muito mais força, precisamos ter a certeza e a confiança de que superaremos tudo, pois o Senhor está conosco. Se formos surpreendidos por dias difíceis, por realidades complicadas, por situações humanamente impossíveis, temos que depositar nossa confiança e fé no Senhor Jesus. Por causa do desespero, ou seja, pela falta de confiança e esperança nele, que Jesus questiona os discípulos: "Por que sois tão medrosos? Ainda não tendes fé?" (Mc 4,40).

Caso lhe falte fé, meu irmão, minha irmã, peça ao Senhor com a certeza de que Ele dar-te-a. Não se acomode, não baixe a guarda, ore com muita intensidade, clame ao céu pela situação que você vive, busque a Deus com todo o seu coração, com toda a força da sua alma, esteja confiante na presença do Senhor e deixe-o te conduzir. Ele é Deus forte, poderoso, a Ele todas as coisas obedecem, é Senhor do vento, das ondas, tem o domínio sobre todas as coisas. Ele é o Senhor da gravidade, da natureza, de todas as coisas visíveis e invisíveis. Creia nele, espere, busque a Ele e verá o que o Senhor é capaz de fazer por você. Depois da experiência que fizeram com o Senhor naquela situação limite, os discípulos disseram uns aos outros: "Quem é este, a quem obedecem até o vento e o mar?" (Mc 4,41). Esse é JESUS: aquele que é digno de todo louvor, toda honra, toda a glória; aquele cujo domínio está sobre todas as coisas, é o Salvador, o Redentor, Senhor dos Senhores, Príncipe da Paz, Alfa e Ômega, Princípio e Fim de tudo. Confie toda a sua vida a Ele: JESUS, a resposta para tudo.

TESTEMUNHO:

No primeiro semestre de 2009, fui pregar um encontro no interior do Estado de São Paulo, na cidade de São José do Rio Preto. Foi um dia de ação de graças pelo aniversário da Missão Canção Nova naquela cidade, como também aniversário da nossa rádio. Depois da primeira palestra, aproximou-se um senhor e disse-me que queria dar o testemunho de um grande milagre que Jesus tinha realizado na vida dele. Escutei o testemunho, que era da cura da coluna. Louvei a Deus junto com aquele homem e sua família, que me entregou um envelope com o testemunho na íntegra, com todos os detalhes. Disse-lhe, então, que estaria lendo em casa aquela grande vitória do Senhor na vida dele. Passados uns dias, verificando os inúmeros testemunhos que tinha no meu quarto, deparei-me com o daquele senhor que me impressionou muitíssimo.

Ele afirma que tinha uma dor crônica na coluna e que nenhum médico encontrava a solução para o problema. A dor era realmente muito forte e já vinha importunando-o há anos, impossibilitando-o até mesmo de trabalhar e de ter uma vida tranquila. Até que, por uma série de exames detalhados, foi diagnosticado o problema, que se tratava de uma desidratação das vértebras da coluna, ou seja, elas estavam como que secando e esfarelando, daí a dor tão intensa, que nem remédio dava jeito. O médico explicou a esse nosso irmão que a única solução seria uma cirurgia para colocar pinos na coluna. Ele aceitou, alegando que faria de tudo para ter o alívio daquela dor que, muitas vezes, o impedia até mesmo de andar. Com muita fé, ele foi colocando a intenção nas Missas do Clube da Evangelização que acontecem às quartas-feiras, à noite, na TV Canção Nova. Em uma dessas quartas, ajoelhado, diante da TV em sua casa, ele e a esposa, juntos, pediram o milagre, clamaram, com toda a força da alma pelo milagre, e foram ousados no pedir. Durante a Missa, olharam o altar e visualizaram-no como uma mesa cirúrgica – perfeita – na qual ele poderia ser operado por Jesus e pediram que Ele se antecipasse aos médicos realizando a cirurgia no altar da Santa Missa. Esse senhor testemunhou que foi sentindo a manifestação de Deus na vida dele durante a Santa Missa e que, na hora da adoração, colocou-se de joelhos, mesmo com muita dor, mas sempre fazia isso nas quartas-feiras, dobrando seus joelhos diante do único que é digno da nossa adoração e do nosso louvor. Tornou a pedir que o Senhor Jesus realizasse a cirurgia nele; sendo mais ousado dessa vez, clamando para que Ele deixasse as cicatrizes da cirurgia para que os médicos vissem a ação de Deus. O homem, então, disse que imediatamente eu proclamei uma palavra de ciência dizendo que Jesus estava operando a coluna de um homem em casa, que ele estava com a cirurgia marcada, mas o Médico dos médicos o estava operando. Ele e sua esposa deram glória a Deus, assumiram o milagre e só ficaram esperando a confirmação. De fato, nos dias subsequentes, ele continuou ainda sentindo muitas dores e fez todos os exames pedidos

> pelo médico. Saindo os resultados, levou-os ao consultório; ao analisá-los, o médico atestou não saber o que acontecera, mas o fato era que não precisaria mais de cirurgia. Afirmou que a dor, que ainda sentia, era por causa de uma pequena infecção numa das vértebras e o encaminhou para outro médico. Ao consultar com esse segundo médico, ele pediu para ver as costas dele, e ao examiná-lo perguntou quem o havia operado porque ele tinha três cicatrizes nas costas. Sorrindo, com louvor nos lábios e no coração, na simplicidade, aquele homem disse ao médico, foi Jesus quem me operou. Quando me deparei com um milagre tão concreto, não me contive em lágrimas e brados de louvor, por servir a um Deus tão grande, que é capaz de fazer com que o vento cesse e as ondas se acalmem. A natureza obedece a Deus, a Jesus. Ele é digno do nosso louvor e da nossa adoração.

Jesus deixou a marca do milagre nas costas daquele homem de Deus, e não há dúvidas de que muito mais do que as costas, o coração daquele irmão foi selado e marcado pelo poder de Deus. Vi um grande sinal naquelas três cicatrizes deixadas por Deus: a primeira representa o Pai, a segunda o Filho e a terceira o Espírito Santo. À Santíssima Trindade o nosso louvor e a nossa adoração.

Basta crer, ter disposição para esperar, basta clamar pelos milagres e pela intervenção de Deus. Ele é Senhor de todas as coisas, Ele tem todo domínio, toda força e todo poder. Creia, busque-o de todo coração, clame por Ele.

ORAÇÃO:

Senhor Deus, coloco-me em tua grandiosa presença, reconheço que tu és o Deus de milagres, o Deus do impossível, creio que exerces o teu Senhorio sobre todas as coisas. És Senhor dos céus, da Terra e de tudo o que há. Te adoro, te louvo, te proclamo como meu Senhor, meu único Deus, meu amigo, meu tudo, minha esperança, minha vitória, meu socorro, meu milagre. Não me deixes desistir nas horas difíceis, nas horas em que não encontro resposta e não consigo te ouvir e ver tua ação em minha vida. Quero clamar todos os dias pelos teus milagres, esperar somente em ti, crer na tua intervenção. Entra agora no meu coração e faça o novo acontecer em minha vida, sei que tu sondas o meu coração, que escutas a minha oração e que ouves o meu clamor, por isso, Senhor Jesus, quero continuar acreditando, buscando, clamando pelos teus milagres. Realiza o milagre em mim, Jesus; realiza o milagre em mim, Senhor; eu necessito da tua intervenção na minha vida. Não permitas que eu desista, que eu abandone o barco, que eu me desvie, que eu duvide. Realiza o milagre em mim, Senhor. Quero crescer em fé, quero receber a tua unção, experimentar a força do teu milagre. Sei que o preço pago pelo Senhor lá na cruz é garantia de vitória, sei que por tuas chagas eu sou curado, o milagre acontece. Realiza o milagre em mim, Jesus, estou clamando por milagres nesta hora de graça. Abre as comportas do céu sobre a minha vida, quero toda a minha vida transformada neste momento. Realiza o milagre em mim, Jesus, eu necessito da tua intervenção na minha vida. Preciso de ti, do teu milagre, da tua intervenção. Faça acontecer em mim o extraordinário, acontecer na minha vida o impossível. Age com o teu poder na minha saúde física, espiritual e psíquica. Entra em minha casa e opera grandes sinais, faze o milagre acontecer, realiza prodígios na minha família. Eu confio em ti, Senhor Jesus, realiza o milagre em mim. Continuarei clamando pelos milagres todos os dias da minha vida. Sei que o Senhor me ouve, sei que escutas o meu clamor, por isso vou seguir confiando em ti e esperando o milagre acontecer. Obrigado, Senhor. Amém. Aleluia!

Considerações Finais

Comecei o livro testemunhando o grande milagre que sou e toda a intervenção do Senhor em minha vida, desde o meu nascimento, passando pelo novo nascimento, ou seja, a renovação da minha vida pelo Espírito, até a experiência do livramento na minha saúde, em que percebo a real intervenção do próprio Deus.

Tudo isso me leva a acreditar em milagres, porque realmente eu sou um milagre de Deus. É admirável o que o Senhor fez em meu favor.

Sempre segui os passos de um homem de Deus que acredita em milagres e que sempre foi usado pelo Senhor para que as pessoas realizassem grandes experiências de milagres. Este homem é o Monsenhor Jonas Abib. Ele me apontou o caminho do Senhor, a decisão pela santidade, a opção pela autenticidade na minha vida e obediência a Deus. Algo que ele sempre testemunha e nos ensina é o profundo amor pela

Sagrada Escritura, que nos leva a compreender o mistério da vontade do Senhor.

Pelo contato com a Bíblia, percebi a grande obra do Senhor na vida de tantos homens e mulheres – principalmente no ministério de Jesus –, a presença da cura e da libertação, e muitas realidades de milagres. Essa dimensão bíblica foi me formando num contexto de uma fé muito viva que acredita prontamente no poder de Deus para mudar as realidades, sejam elas na própria natureza, no coração das pessoas ou na dimensão da cura, do milagre.

A cada dia acreditava em milagres e sempre me coloquei disponível para a atuação do Senhor em mim e através de mim. O interessante é que o meu primeiro trabalho na Igreja, ainda no meu tempo de paroquiano, na minha paróquia de origem, foi na "Pastoral da Saúde", onde aos domingos visitava os hospitais para orar pelos enfermos. Que tempo maravilhoso; quantos milagres pude testemunhar e presenciar.

Creio que neste tempo o Senhor já estava me formando para aquilo que eu viveria no futuro, no meu ministério sacerdotal. Fui sendo formado por Deus para acreditar nos grandes milagres da intervençao do Senhor. Constato isso na minha vida.

Confesso que não procurei esse ministério de milagres, cura e libertação, simplesmente percebi o direcionamento de Deus e notei que o próprio Senhor começou a usar a minha fé para operar e fazer por meio de mim. Ele se aproveitou da minha disposição e ousadia para conquistar realizações em favor do seu povo.

Desde a época do seminário, tudo foi sendo direcionado para essa realidade dos milagres do Senhor, e a obra dele foi acontecendo. Sempre me coloquei disponível a Ele, que foi me usando.

Hoje, com três anos de sacerdócio, percebo que esse é o meu específico na obra do Senhor e na implantação do Reino dele aqui nesta terra, ou seja, conduzir um povo a acreditar no poder dos milagres e orar para que Deus se realize na vida das pessoas.

Tenho plena consciência das minhas limitações e do quanto ainda preciso crescer, mas sei que o Senhor escolhe instrumentos insuficientes para realizar acontecimentos extraordinários por meio deles. Sou um desses instrumentos insuficientes utilizados por Deus.

Recebo muitos testemunhos de fatos grandiosos que Deus tem feito pelo meu ministério. Muitas vezes, fico impressionado com a quantidade de testemunhos: curas, milagres, libertações, pessoas que tiveram a sua vida transformada, famílias restauradas, jovens livres das drogas e da violência, e tantos outros. Só tenho a agradecer a Deus por ter me usado e confirmado a cada dia o ministério que confiou a mim.

O grande desejo do meu coração é corresponder com a vontade de Deus, multiplicar os talentos que Ele mesmo me deu e sempre ser fiel a Ele.

Quando Jesus foi a uma Sinagoga em Nazaré, num dia de sábado, fez uma proclamação que definiu sua missão messiânica:

> Deram-lhe o livro do profeta Isaías. Abrindo o livro, encontrou o lugar onde está escrito: "O Espírito do Senhor está sobre mim, pois ele me ungiu, para anunciar a Boa-Nova aos pobres: enviou-me para proclamar a libertação aos presos e, aos cegos, a recuperação da vista; para dar liberdade aos oprimidos e proclamar um ano aceito da parte do Senhor" (Lc 4,17-19).

É pertinente entendermos o ministério de Jesus e principalmente o valor que é dado aos milagres e às curas, que fazem parte do ministério do Senhor. Quando João Batista manda alguns discípulos até Jesus para perguntar-lhe se realmente era Ele que deveria vir, a respota de Jesus foi contundente: "Ide contar a João o que estais ouvindo e vendo: cegos recuperam a vista, paralíticos andam, leprosos são curados, surdos ouvem, mortos ressuscitam e aos pobres se anuncia a Boa-Nova. E feliz de quem não se escandaliza a meu respeito" (Mt 11,4-6).

Isso é muito impotante para compreendermos o valor dos sinais no ministério de Jesus. O próprio Senhor aponta para os milagres a fim de mostrar quem realmente Ele é: o Senhor, o Messias, o enviado do Pai. A marca de Jesus está nos milagres.

Tal é a missão do Senhor aos seus discípulos: a multiplicação dos milagres, dos sinais:

> E disse-lhes: "Ide pelo mundo inteiro e anunciai a Boa-Nova a toda criatura! Quem crer e for batizado será salvo. Quem não crer será condenado. Eis os sinais que acompanharão aqueles que crerem: expulsarão demônios em meu nome; falarão novas línguas; se pegarem em serpentes e beberem veneno mortal, não lhes fará mal algum; e quando impuserem as mãos sobre os doentes, estes ficarão curados" (Mc 16,15-18).

Tudo isso me proporciona a garantia de continuar acreditando em milagres e testemunhá-los. Diante dos testemunhos que recebo todos os dias, apenas posso assumir o poder dos milagres presente no ministério de Jesus e no nosso ministério e dar prosseguimento à obra de Deus nesta terra.

Certa vez, recebi o testemunho de um casal de fé. Eles voltavam para casa quando sofreram um grave acidente de carro. Com eles, estava o filhinho de apenas um mês que foi encontrado debaixo do banco do carro todo ensanguentado. Foram socorridos, e a criança ficou internada na UTI. A partir dos exames, foi detectado no cérebro do bebê três coágulos de sangue. Os médicos que o acompanhavam disseram que possivelmente ele ficaria com sequelas. Durante o tratamento, dois coágulos desapareceram, mas um permaneceu, o que deixaria graves sequelas na criança indefesa.

Após a alta do bebê, foram para casa e, ao chegarem, como sempre faziam às quartas-feiras, acompanharam a missa do Clube da Evangelização que estava sendo celebrada por mim. Durante o momento de oração, pedi que se impusesse as mãos na pessoa ao lado... então os pais impuseram as mãos na cabecinha do bebê. Quando começaram a orar, o pai sentiu que o filho tinha sido curado naquela hora, mas pediu um sinal para Deus.

Segundo o seu testemunho, na mesma hora proclamei a cura de uma pessoa que apresentava um coágulo na cabeça em decorrência de um acidente. Assim, tomaram posse do milagre de Deus, pois suplicavam-no e acreditavam que Deus realizaria o milagre.

Quando retornaram ao médico e fizeram novos exames, a grande obra de Deus, realizada naquela noite, foi confirmada: o coágulo havia desaparecido e a criança não ficaria com nenhuma sequela. Louvado seja Deus por isso.

Deus continua trabalhando em favor do seu povo. Ele quer que clamemos e esperemos por sua intervenção. Jesus quer operar milagres. Ele está vivo e é por cada um de nós.

Portanto, proponho a você, leitor: Vamos clamar por milagres?

Continuarei acreditando e "clamando por milagres"!

Bibliografia

ABIB, Jonas (Monsenhor). *Sim, Sim, Não, Não*. 3. ed. São Paulo: Canção Nova, 2006.

_____. *Reinflama o Carisma*. 5. ed. São Paulo: Canção Nova, 2004.

_____. *O Espírito Sopra Onde Quer*. 2. ed. São Paulo: Canção Nova, 2005.

AQUINO, Felipe. *Sofrendo na Fé*. 4. ed. Lorena: Cleofas, 2005.

_______. *Não Vos Conformeis com Este Mundo*. Lorena: Cleofas, [s.d.].

BIBLIA SAGRADA. Tradução da CNBB. 6. ed. São Paulo: CNBB/Canção Nova, 2006.

BRAGA, Eduardo (Padre). *Escritos de Fogo*. São Paulo: RCC Brasil, [s.d.].

CATECISMO DA IGREJA CATÓLICA. Edição Típica Latina pelo Conselho de Cardeais e Bispos em 1993. São Paulo: Loyola, 1993.

LEWIS, Clive Staples. *O Problema do Sofrimento*. Tradução de Neyd Siqueira. 2. ed. São Paulo: Vida, 2006.

MANSFIELD, Patti. *Como um Novo Pentencostes*: relato do dramático início da RCC. 2. ed. São Paulo: Palavra e Prece, 1993.

MENDES, Márcio. *Vencendo Aflições – Alcançando Milagres*. São Paulo: Canção Nova, 2005.

_____. *Quando Só Deus é a Resposta*. 2. ed. São Paulo: Canção Nova, 2004.

PADRE LÉO. *Experienciar Milagres*. 6. ed. São Paulo: Loyola, 2004.

_____. *Renovados pelo Espírito Santo*. São Paulo: Canção Nova, 2008.

REIS, Reinaldo Beserra dos. *Escutai o Espírito Santo*. São Paulo: RCC Brasil, [s.d.].

VELLA, Elias (Frei). *O Espírito Santo*: vida da Igreja. São Paulo: Palavra e Prece, [s.d.].

Impresso em papel chamois bulk dunas 80 g/m² por
Editora Parma. Outubro de 2010.